Heide Stockinger (Hg.)

»*Glück, das mir verblieb*«

Ein Erich Wolfgang Korngold-Lesebuch

Böhlau Verlag Wien Köln

Veröffentlicht mit Unterstützung von:
Zukunftsfonds der Republik Österreich
Amt der OÖ Landesregierung
MA 7, Kulturabteilung der Stadt Wien

Bibliografische Information der Deutschen Nationalbibliothek:
Die Deutsche Nationalbibliothek verzeichnet diese Publikation in der
Deutschen Nationalbibliografie; detaillierte bibliografische Daten sind
im Internet über https://portal.dnb.de abrufbar.

© 2022 Böhlau, Zeltgasse 1, A-1080 Wien, ein Imprint der Brill-Gruppe
(Koninklijke Brill NV, Leiden, Niederlande; Brill USA Inc., Boston MA, USA;
Brill Asia Pte Ltd, Singapore; Brill Deutschland GmbH, Paderborn, Deutschland;
Brill Österreich GmbH, Wien, Österreich)
Koninklijke Brill NV umfasst die Imprints Brill, Brill Nijhoff, Brill Hotei,
Brill Schöningh, Brill Fink, Brill mentis, Vandenhoeck & Ruprecht, Böhlau und
V&R unipress.
Alle Rechte vorbehalten. Das Werk und seine Teile sind urheberrechtlich geschützt.
Jede Verwertung in anderen als den gesetzlich zugelassenen Fällen bedarf der
vorherigen schriftlichen Einwilligung des Verlages.

Umschlagabbildung: Erich Wolfgang Korngold Anfang der 1920er Jahre, ÖNB Pf 3695:D(2).

Korrektorat: Sara Horn, Düsseldorf
Einbandgestaltung: Michael Haderer, Wien
Satz: Michael Rauscher, Wien
Druck und Bindung: Generaldruckerei, Szeged
Gedruckt auf chlor- und säurefreiem Papier
Printed in the EU

Vandenhoeck & Ruprecht Verlage | www.vandenhoeck-ruprecht-verlage.com

ISBN 978-3-205-21520-2

Inhalt

Geleitwort
    von Simone Young 9

Vorwort
    von Heide Stockinger 11

»Ich war erst drei Jahre alt, als mein Großvater starb ...«
    von Kathrin Hubbard Korngold 23

Der Übervater Julius Korngold
Die Familie Erich Wolfgang Korngolds
    von Kurt Arrer 31

Hommage an Luzi
In drei Bildern: Die Lebensdaten – Ein Lebensbild – Das »Interview«
    von Lis Malina 41

»Singe, sing' nur immer zu!«
Volkslied – Jugendstil – Expressionismus:
Zum Liedschaffen Erich Wolfgang Korngolds
    von Oswald Panagl 61

Erich Wolfgang Korngold auf Sommerfrische
... mit einer Vorliebe für das Salzkammergut
    von Kurt Arrer 71

»... im Geist ihres Schöpfers und mit zeitgemäßer Wirkung ...«
Erich Wolfgang Korngold und die Operette
    von Gottfried Franz Kasparek 89

Von Höselberg nach Hollywood
Exil in der Filmmetropole Los Angeles
    von Karin Wagner 105

Der Sieg der Lebensfreude
Das Instrumentalwerk Erich Wolfgang Korngolds in Beispielen
    von Gottfried Franz Kasparek 135

Korngolds Frack bei der Oscar-Verleihung
Requisiten von Erich Wolfgang Korngold im Exilarte Zentrum
    von Nobuko Nakamura 149

Eine gefeierte (Wieder-)Entdeckung
Erich Wolfgang Korngold bei den Salzburger Festspielen
    von Kurt Arrer 159

Der »Traum der Wiederkehr« als Versuchsanordnung
Zu Karoline Grubers Hamburger Inszenierung der »Toten Stadt« (2015)
    von Kerstin Schüssler-Bach 171

Mehr als Namensgleichheit von
Erich Wolfgang Korngolds Oper »Die tote Stadt«
und Egon Schieles Gemälde »Tote Stadt«?
Ein Crossover zur bildenden Kunst
    von Heide Stockinger / Robert Oltay 189

Anhang
    Biografische Übersicht zu Erich Wolfgang Korngold 205
    Korngold heute – auf der Bühne 210
    Korngold heute – im Konzertsaal, in den Medien 213
    Abbildungsnachweis 216
    Autor:innenverzeichnis 218
    Personenregister 224

Geleitwort

von Simone Young

Glücklicherweise hat sich die Musik von Erich Wolfgang Korngold heute wieder einen festen Platz im Repertoire der internationalen Opern- und Konzerthäuser erobert. Als Australierin wuchs ich mit seiner brillanten Filmmusik auf und bin bis heute ein großer Fan der prächtigen Klänge zu »Der Herr der sieben Meere« (»The Sea Hawk«) oder »Robin Hood«. Auch Korngolds Violinkonzert ist unverkennbar von seiner Hollywood-Erfahrung geprägt, es greift ja sogar direkt auf Filmmusik-Zitate zurück. Mir war es eine große Freude, dieses wundervolle Stück im November 2021 mit der Solistin Nicola Benedetti und dem Los Angeles Philharmonic musizieren zu dürfen. Man braucht nicht nur eine makellose Technik und eine enorme Virtuosität, sondern auch eine gewisse Affinität zur Nostalgie, um den Charakter dieses Konzerts zu erfassen. Schon möglich, dass mir meine langen Aufenthalte in Wien dabei geholfen haben!

2015 habe ich an der Staatsoper Hamburg eine Neuproduktion von »Die tote Stadt« dirigiert, 95 Jahre nach der dortigen Uraufführung. Das Stück ist ein echtes Kind der 20er Jahre: voller Exotik und Erotik. Ich habe schon vor langer Zeit daraus das Pierrot-Lied kennengelernt.

Das hatte mich neugierig auf die ganze Oper gemacht. Es ist eine höchst raffinierte, komplexe und anziehende Partitur. Wenn man die großen Korngold-Filmmusiken kennt, findet man vieles hier schon vorgeprägt, nur stringenter und strukturierter. Wie viele Werke aus dieser Zeit schwelgt »Die tote Stadt« im luxuriösen Orchesterklang, weswegen die Balance zwischen Bühne und Orchestergraben viel Probenarbeit erfordert.

Aber es lohnt sich! Die herrlichen Gesangsnummern voll zärtlicher Wehmut, die dramatische Wucht und tiefenpsychologisch ausgeleuchtete Handlung faszinieren das Publikum heute wieder so wie vor 100 Jahren. Vor der Hamburger Uraufführung hatte Korngold über »Die tote Stadt« geschrieben: »Alle sagen, dass es so rasend schwer sei; ich finde es ja höchst einfach ›lauter schöne Musik‹«. Mit beidem hatte er recht.

Ich wünsche dem »Korngold-Lesebuch« viele begeisterte Leserinnen und Leser!

Dezember 2021

Vorwort

von Heide Stockinger

... ich brauch nur ans Klavier zu gehen und alles ist von selbst da ...
(Erich an Luzi, 1921)

Die engagierten Autorinnen und Autoren dieses Lesebuchs »Glück, das mir verblieb« haben ein ehrgeiziges Ziel: in thematisch breit gefassten Aufsätzen den Bekanntheitsgrad des lange Zeit zu Unrecht vergessenen Komponisten Erich Wolfgang Korngold zu erhöhen – auch wenn nicht alles, was diesen genialen Tonsetzer ausmacht, hier eingefangen werden kann. Die weltweit gefeierte Dirigentin SIMONE YOUNG schrieb dankenswerter Weise ein Geleitwort, in dem sie sich zur Schönheit von Korngolds Musik bekennt. Alle Beiträgerinnen und Beiträger des Korngold-Lesebuchs seien herzlich dafür bedankt, dass sie mit mir das Wagnis eingegangen sind, dem Phänomen Korngold neue Facetten abzugewinnen. Das Motto zum Vorwort habe ich dem lesenswerten Buch »Dear Papa, how is you? Das Leben Erich Wolfgang Korngolds in Briefen« entnommen. Herausgegeben hat den Briefwechsel LIS MALINA, deren Beitrag »Hommage an Luzi« daher als erster von zwölf Beiträgen erwähnt sei. Luzi (Luise, Louise) Korngold, geborene von Sonnenthal, war ihrem Mann Erich Wolfgang bis zu dessen Tod 1957 in den USA eine treue Gefährtin.

In seinem Aufsatz »Die Familie Erich Wolfgang Korngolds« behandelt KURT ARRER Korngold'sche Verwandtschaftsverhältnisse und die bittere Tatsache, dass im Wesentlichen nur die direkte Familie des Komponisten das Naziregime physisch überlebt hat. Die bemerkenswerte Laufbahn von Julius Korngold, dem Vater von Erich Wolfgang, wird ebenso geschildert wie dessen lebenslanger Versuch, Erichs künstlerischen Weg zu beeinflussen. Im hohen Alter von 85 Jahren ist er im Jahr 1945 in den USA verstorben.

Der berühmt-berüchtigte Wiener Musikrezensent der Neuen Freien Presse Julius Korngold irrte nicht, als er prophezeite, dass eines Tages der »naiv schaffende Musiker« – damit meinte er seinen Sohn – wieder das (musikalische) Wort haben würde. »Gibt es doch auch jene Dämmerung, die den Morgen bringt. Dem mag die Tonkunst, ihre wahren Götter auf unerschütterte Throne zur Seite, vertrauend entgegenhoffen« – so steht es in Julius Korngolds posthum von Oswald Panagl herausgegebenem polemischem Werk »Atonale Götzendämmerung«, das den Untertitel »Kritische Beiträge zur Geschichte der Neumusik-ismen« trägt.

Mit seinem G'spür für Zeitgeistiges schneidet der Traditionalist Julius in seinem Buch ein Thema an, das ein Schlaglicht auf das ausgehende 19. und angehende 20. Jahrhundert wirft.

Der Wildwuchs der »-ismen« jener Tage und die den einzelnen »-ismen« zugeordneten musikalischen, bildnerischen und literarischen Werke liefern Vergleichswerte; auch in unserer Zeit feiern »-ismen« fröhliche Urständ, wobei es teils zum Bedeutungswandel der Begriffe gekommen ist. Die Literaturvorlage für das Libretto der Oper »Die tote Stadt«, der Roman »Das tote Brügge« des Belgiers Georges Rodenbach sei eine symbolistische, das Geschehen in der Oper trage realistische und veristische Züge, expressionistisch sei die Musik – so groß ist das Angebot heutiger Etikettierungen. Wobei Zuordnungen generell zu kurz greifen …

Im Original-Textbuch von »Die tote Stadt« aus dem Jahr 1920 bei Pauls berühmter Schlussarie nach bewältigter Trauerarbeit heißt es:

1 Der junge Korngold, ca. 1909.

»Ich werde sie [die verstorbene Frau] nicht wiedersehen. / Ein Traum hat mir den Traum zerstört, / Ein Traum der bittren Wirklichkeiten / ...«, und es stellt sich die Frage, warum bei der Aufführungspraxis die Tenöre die »Einzahl« singen, die Wirklichkeiten zur eindimensionalen Wirklichkeit mutiert sind. Das schräg-bizarre Bühnenbild bei einer Aufführung der Korngold-Oper »Die tote Stadt« in Frankfurt am Main im Jahr 1921 trägt, wie auf einer Abbildung im Programmheft der Wiener Staatsoper vom Jahr 2004/05 zu erkennen ist, surreale Züge. Stummfilme der Zeit um das Jahr 1920 wie »Das Cabinet des Dr. Caligari« und »Der stille Tod« sind surreale Kunstwerke im Sinne des eben Gesagten. Gut möglich, dass die Korngolds die Filme gesehen haben. Surrealismus beruhe, eine von vielen Definitionen, auf dem Glauben an die höhere Wirklichkeit gewisser, bis heute vernachlässigter Assoziationsformen. Dass im Jahr 1921 so ein Bühnenbild, den Inhalt der Korngold-Oper verbildlichend, möglich war, und auch heute noch »Die tote Stadt« eine Vielzahl an Interpretationen und an Inszenierungskonzepten verträgt und auch erfährt, ist der Grund für die Modernität der Oper und erklärt die steigende Zahl an Aufführungen. KERSTIN SCHÜSSLER-BACH hat in ihrem Aufsatz »Der ›Traum der Wiederkehr‹ als Versuchsanordnung« Karoline Grubers Hamburger Inszenierung der »Toten Stadt« 2015 ausgeleuchtet; Korngold greife, so Schüssler-Bach, in seiner »Wahrtraumdeuterei« Erkenntnisse der vor 100 Jahren noch »jungen« Psychoanalyse auf. Im 5. Kapitel ihres Aufsatzes mit dem Titel »Der ›zerstörte‹ Traum – Rückkehr zum Beginn« finden sich die Zeilen: »Pauls wörtliches Schlusszitat des Lautenlieds ›Glück, das mir verblieb‹ kündet zwar von der schließlich akzeptierten Erkenntnis ›Hier gibt es kein Auferstehn.‹ Aber das letzte Wort haben die schillernden Celesta-Klänge des Auferstehungsmotivs [...].« Beredter als der Librettotext ist also Korngolds Musik!

Korngolds musikalische Klangentfaltung vermag Daseinszustände wie Ängste um Verlust von Gewissheiten zu imaginieren. Beim Konsumieren von Korngolds Musik (meist über diverse Tonträger), welcher Gattung diese auch immer angehört, stürzt der Hörer von einer Gefühlswelt in die andere, berauscht sich am Wohlklang, um im nächsten Moment abrupt herausgerissen zu werden, lässt sich mittragen von wogenden Tönen, ängstigt sich vor mystischem Dunkel, vernimmt verzweifeltes Suchen und erfährt divergente Lösungsangebote, auch versöhnliche, und erfreut sich immer wieder an heiterer, übermütiger Walzermusik. Korngolds expressive »Klang-Sprache« deckt eine breite »Farb-Palette« ab – solcherart Synästhesien inspirierten den bildenden Künstler ROBERT OLTAY, der HEIDE STOCKINGER Rede und Antwort in einem Gespräch stand, das Bezüge zwischen der Oper und

2 Korngolds eigenhändige Widmung an Richard Tauber: »Meinem idealen Paul und geliebten ›Pürkler‹ in Dankbarkeit« – datiert Dresden, Dezember 1921, mit einem Motiv aus der »Toten Stadt«.

Egon Schieles Gemälde »Tote Stadt« zum Thema hatte. Sowohl der Gesprächsmitschnitt als auch Oltays Gemälde »Kathedrale der Erinnerung« fanden Eingang ins Buch.

Die Leidenschaftlichkeit des musikalischen Ausdrucks des Komponisten findet ihre Entsprechung in Richard Taubers idealer Interpretation der Rolle des Paul. Taubers »kaum glaubwürdiger Musikalität« (so Erich Wolfgang Korngold) gelingt es, »eine der süffigsten Eingebungen der Operngeschichte, das leitmotivische ›Glück, das mir verblieb‹ mit geradezu hypnotischem, trunken machendem tenoralem Prachtgesang« (so Jens Malte Fischer, Opernforscher) zu veredeln. Mit der seinerzeit berühmten Sängerin Lotte Lehmann als Marietta im Duett, und später dann in der Schlussszene, koste Tauber Korngolds »schwerflüssig dekadenten Sirup des schwelgerischen Klanges« aus. Richard Tauber und seine Gesangskunst sind vor einigen Jahren Auslöser für mich gewesen, mich dem Schaffen von Erich Wolfgang Korngold zu widmen.

Es hat gedauert, bis neben der Oper »Die tote Stadt«, die nie ganz von den Spielplänen verschwunden ist, die Aufführung von Korngolds Instrumentalwerken eine Renaissance erlebte. Nun seien, so GOTTFRIED FRANZ KASPAREK in seinem Beitrag »Der Sieg der Lebensfreude«, Werke wie Streichquartette, Konzerte für ein Soloinstrument und Orchester und »Die große Sinfonie« in die Konzertsäle zurückgekehrt. Gerade ein Werk wie das Klavierkonzert (1923) zeige, wie frei Korngold mit der Tradition verfahren ist. Bei allem Bekenntnis zur Tonalität sei das Klavierkonzert ein innovatives Stück, urteilt der Musikschriftsteller Kasparek, dem das Kunststück gelingt, mittels Sprache Korngolds Musik sinnlich erfahrbar zu machen.

Mit Korngolds Liedkompositionen, die über eine Zeitspanne von mehreren Jahrzehnten entstanden sind, beschäftigt sich OSWALD PANAGL in seinem Aufsatz. Es sei keinem Musikfreund zu verargen, so Panagls Resümee, wenn er ariose Nummern aus einigen Opern Korngolds für seine gelungensten Liedschöpfungen hält. Doch auf der anderen Seite möchte der Kenner und Liebhaber die »Lieder des Abschieds« oder die »Songs of the Clown« gerne häufiger auf dem Konzertpodium erleben.

KURT ARRER berichtet über die Salzburger Festspiele 2004, die endlich auch Korngolds »Tote Stadt« im Programm hatten. Die Festspiele wurden mit einem Konzert der Wiener Philharmoniker eröffnet; Seiji Ozawa, der laut eigener Aussage zuvor noch nie etwas von Korngold gehört hatte, dirigierte Korngolds Violinkonzert in D-Dur und wurde, ebenso wie der Geiger Benjamin Schmid, umjubelt!

Warum spät aber doch der »damals« moderne Komponist heute wieder en vogue ist, hat – eine von mehreren Erklärungsvarianten – mit wiederkehrenden Zeitläuften zu tun. Der Mensch in Zeiten des Umbruchs bedarf des Trostes. Die lebensbejahende Haltung von Erich Wolfgang Korngold findet unter anderem auch ihren Ausdruck in der Tatsache, dass die Oper »Die tote Stadt« zunächst den Titel »Triumph des Lebens« trug.

Die gesellschaftlichen Veränderungen, bedingt durch den Untergang eines Weltreichs, und der Erste Weltkrieg mit seinem hohen Blutzoll und den Folgen des verlorenen Kriegs wie Hunger und Not waren begleitet von der bisher letzten »Kränkung der Menschheit«, der psychologischen. Ein beträchtlicher Teil des Seelenlebens entziehe sich, so Sigmund Freud, der Herrschaft des bewussten Willens, das Ich sei nicht mehr Herr im eigenen Hause. Schon im Jahr 1900 war Freuds »Traumdeutung« erschienen, wie durch eine Fensterlücke könne ein Blick ins »Innere« des Menschen geworfen werden. Auslöser des Traumgeschehens seien zumeist unverarbeitete Tagesreste, Sedimente des Erlebten, fragmentierte Eindrücke ohne klaren Sinnbezug, Bruchlinien zwischen Gewünschtem und Erreichbarem.

Als zum gebildeten Bürgertum gehörend kannten Julius und Erich Wolfgang Korngold Freuds Schriften. Das Traumgeschehen in »Die tote Stadt« zeugt davon. Auch die krausen Ideen des Philosophen Otto Weininger zu einem Frauenbild zwischen »Hure und Heilige« befruchteten Künstler; die Protagonistinnen in Korngolds früher Oper »Violanta« und in der elf Jahre später im Jahr 1927 uraufgeführten Oper »Das Wunder der Heliane« stehen im Konflikt zwischen Bewahren von »Reinheit« und erotischem Begehren. Die Künstler nach 1900 finden keine unverbrüchliche Wahrheit vor, sie tasten sich durch »Wirklichkeiten« …

Noch bevor Einflüsse aus Literatur und Wissenschaft im Wien nach der Jahrhundertwende das Wunderkind Erich erreichen konnten, kamen ihm musikalische Petitessen des gut Klavier spielenden Vaters Julius zu Ohren. Es konnte nicht ausbleiben, dass dem in Wien Heranwachsenden neben der »hohen«, vom Vater protegierten seriösen Musik auch Operetten- und die vielerorts von kleinen Kapellen gespielte Walzermusik in einer »als regional spezifisch zu bezeichnenden Melange« (so Helmut Pöllmann, Musikwissenschaftler) begegnete. Unüberhörbar »wienerisch« zum Beispiel die vertonte Pantomime »Der Schneemann«, dieses erste Bühnenwerk des frühreifen Komponisten!

Korngolds Operettenbearbeitungen bespricht GOTTFRIED FRANZ KASPAREK in seinem Aufsatz »… im Geist ihres Schöpfers und mit zeitgemäßer Wirkung …«. Das Zitat hat Kasparek einem Bericht von Korngold über die Anfänge seiner Bearbeitungen von Johann-Strauss-Operetten entnommen. Vom Jahr 1923 mit »Eine Nacht in Venedig«

bis in die frühen 30er Jahre stand Korngold am Dirigentenpult von Operettenbühnen. Und gäbe es denn, stellt Kasparek als rhetorische Frage in den Raum, auch eine echte Korngold-Operette? Ja, Korngolds einzige Musikalische Komödie sei sogar 1951 vom österreichischen Rundfunk eingespielt worden ...

»Man möchte kaum glauben, dass der Marsch und die anderen hier eingespielten [viel später komponierten] Werke vom gleichen Komponisten geschrieben wurden«, konstatiert der Korngold-Biograf Brendan G. Carroll im Booklet zur bei Chandos Records im Jahr 1996 erschienenen CD. Korngold hatte im Jahr 1917 während seines kurzen Militärdienstes im Ersten Weltkrieg einen Militärmarsch komponiert. Daran knüpfe sich eine lustige Geschichte, so Carroll: »Als Korngold die Partitur fertig hatte, wollte der Kommandant den Marsch hören. Nach der stürmischen Interpretation sagte der verdutzte Oberst: ›Sehr hübsch, Korngold – aber ist es nicht etwas schnell?‹ Korngold antwortete lächelnd ›Zu Befehl, Herr Oberst – das ist für den Rückzug!‹« Die Melodik sei, so fährt Carroll fort, ausgesprochen hinreißend (die Episode in der Mitte einfach unwiderstehlich) und stelle ein gutes Beispiel für Korngolds geschickten Umgang mit leichter Musik dar.

Eine Erinnerung an den humorbegabten Jungkomponisten zu seiner Zeit als Soldat gibt auch seine Ehefrau Luzi in ihrem 1967 erschienenen Buch »E. W. Korngold. Ein Lebensbild« zum Besten. Luzi wohnte einem »Abendessen« in einem Salon bei. Der ihr noch unbekannte Erich im blauen Waffenrock habe von Zeit zu Zeit laut und herzhaft gelacht. Sie habe sich besiegt gefühlt, »durch diese harmlos-fröhliche Heiterkeit, die keinen Zusammenhang mit seinem Schaffen, seiner rätselhaften Künstlerreife zu haben schien. Nach dem schwarzen Kaffee wurde Erich zum Klavier gebeten«. Er habe aus der im Entstehen begriffenen Oper »Die tote Stadt« gespielt. »Wie kommt es nur«, fragt sie in ihrem Buch, »daß ich schon an jenem ersten Abend eine gewisse ›Wahlverwandtschaft‹ zwischen ihm und mir fühlte? Ich sah Korngold in den nächsten Monaten nicht wieder; erst in den Sommermonaten sollte ich ihm zufällig begegnen.«

KURT ARRER schildert in seinem Aufsatz »Erich Wolfgang Korngold auf Sommerfrische: mit einer Vorliebe für das Salzkammergut«

3 Standbild aus einem von Richard Taubers Schmalfilmen: Erich Wolfgang Korngold, Ludwig Herzer und Tauber (v. l.) um 1930 auf der Esplanade in Bad Ischl.

auch Korngolds Aufenthalte in Altaussee, wo sich Luzi und Erich im Sommer 1917 nahekamen und 1924 sogar ihre Flitterwochen verbrachten. Gemeinsam war Korngolds Aufenthalten in den diversen Sommerfrische-Quartieren im Salzkammergut, dass sie den Komponisten inspirierten; in der Stille des Landlebens komponierte er eifrig. Die schöne Umgebung habe wohl zu Korngolds positiver Einstellung zum Leben beigetragen …

… die allerdings zu seinem Lebensende, so wird von seinen Angehörigen berichtet, einer resignativen Gemütsstimmung gewichen war. »Korngold starb, als die Lebensrealität ihm fremd geworden war. Es schien ihm nicht glaubwürdig, dass Menschen einer Musik, die sie nicht verstünden oder sie negativen Gefühlen aussetzten, gern lauschen würden« – so die frei übersetzte Textstelle von Michael Haas, bilingualer Producer und Aufnahmeleiter bei Einspielungen Korngold'scher Musik (eine Pionierleistung!) aus seinem Internetblog im Jahr 2015 »The false myths and true genius of Erich Wolfgang Korngold«. Michael Haas ist Mitbegründer von Exilarte an der Universität für Musik und darstellende Kunst in Wien (mdw).

NOBUKO NAKAMURA, japanische Musikwissenschaftlerin, die im Wiener Exilarte Zentrum zu in der Nazizeit verfolgten und ermordeten Musikerinnen und Musikern forscht, sorgt mit ihrem Aufsatz zu »Requisiten von E. W. Korngold« für eine analoge Annäherung an den Komponisten: Korngolds Frack, den er bei der Oscar-Verleihung für die beste Filmmusik in dem Film »The Adventures of Robin Hood« getragen hat, ist im Exilarte Zentrum, neben anderen persönlichen Gebrauchsgegenständen von Korngold, zu besichtigen.

»Von Höselberg nach Hollywood. Exil in der Filmmetropole Los Angeles« heißt KARIN WAGNERS Aufsatz, der Korngolds Kompositionen für das Genre »Film« würdigt. Eine Einladung von Max Reinhardt im Oktober 1934 war der Beginn von Korngolds Aufenthalten in der Filmmetropole, wo er sich, stundenlang Filme betrachtend, in diese einfühlte und deren Inhalte durch seine sinfonische Begleitmusik künstlerisch aufwertete, wofür er zweimal den Oscar erhielt. Karin Wagners empathisch geschriebener Aufsatz ist eine Fundgrube. Nicht nur lernt die Leserschaft Korngold'sche Lebensumstände, sein Künstlertum und Menschsein kennen, sondern auch die unsäglichen politischen Implikationen der Zeit, in der Korngold komponierte, lebte und litt.

Der Reigen der Aufsätze in diesem Buch zu Korngold beginnt mit einem berührenden Erinnerungstext, der mir große Freude bereitet. »I was just three years old when my grandfather died ...« – so der Titel, original auf Englisch, des Beitrags von KATHRIN KORNGOLD HUBBARD, dessen beziehungsvoller Untertitel lautet: »... and yet, not a day goes by that some aspect of his extraordinary life doesn't impact my own«.

Im Sinne von »Katy«, wie ich E. W. Korngolds Enkelin Kathrin nennen darf, wünsche ich allen Leserinnen und Lesern, dass ihnen der ein oder andere im Buch aufgegriffene Aspekt zu Korngolds Leben und Werk nahegehen möge, sie bereichern und berühren könne.

Linz, im Jänner 2022

Zwei meiner Helfer bei der Produktion des Korngold-Lesebuchs seien besonders bedankt: KAI-UWE GARRELS, mein Autor- und Herausgeberkollege bei den Büchern »Tauber, mein Tauber« und »Dein ist mein ganzes Herz«, der die schwierige Aufgabe der Bebilderung des Buchs übernommen hat, und mein Erstleser der Beiträge JOHANN HASSELGRUBER, der Cousin aus Göttingen, ohne dessen Lektorats-Beistand ich »das Korngold gar nicht schürfen« hätte können. KURT ARRER danke ich dafür, dass er mir großzügig diverse Korngold-Materialien zur An- und Einsicht bereitstellte, und HANS ÖHLINGER verdanke ich ein breitgefächertes Sortiment musikalischer Leihgaben. Wertvolle Hilfe leistete BRIGITTE BURGSTALLER, wenn ich wieder einmal mit meinen Digitalkenntnissen am Ende war. Und Übersetzungen vom Deutschen ins Englische und umgekehrt durch Anglistin EDITH WUTKA gewährleisteten die Kommunikation mit der Korngold-Enkelin – großer Dank hierfür!

Dr. PAUL HEINEMANN, Olms Verlag, hat freundlicherweise den Nachdruck des Beitrags von Frau Dr. Schüssler-Bach in diesem Lesebuch genehmigt – dafür sei ihm herzlich gedankt! Die bibliografisch vollständige Nennung der Originalquelle der Publikation befindet sich am Ende von Schüssler-Bachs Beitrag »Der ›Traum der Wiederkehr‹ als Versuchsanordnung«.

»Ich war erst drei Jahre alt, als mein Großvater starb ...«

von Kathrin Hubbard Korngold

... und doch vergeht kein Tag, an dem ein Funken seines außergewöhnlichen Lebens mich nicht berühren würde!
1956 hatte Korngold einen schweren Schlaganfall. In der Folge bat er darum, dass die Familie einer seiner beiden Söhne in ein Haus neben dem seinen in Toluca Lake ziehen solle, unweit von Hollywood jenseits eines Hügels gelegen, in Gehweite des Warner Bros. Studios. Die aus zweieinhalb Parzellen bestehende Liegenschaft am See wurde geteilt, und beim Bau des neuen Heims für Vater Ernst Werner, Mutter Helen und mich, die kleine Katy, wurde die Architektur des bestehenden Hauses miteinbezogen. Das Musikzimmer meines Großvaters wurde mein Schlafzimmer, mit Blick auf den See, ausgestattet mit Kamin und Parkettboden. Eine kleine Stufe führte hinauf zu einer »Bühne«, wo sein kleines Klavier gestanden hat.
Obwohl ich damals noch ein Kind war, erinnere ich mich noch sehr genau an das Leben am Toluca Lake. Eine Erinnerung bezieht sich auf den kleinen Sealyhamterrier meiner Großeltern, der mich anbellte,

als ich ihn – in der Absicht, ihm zu sagen, er solle still sein – [auf Deutsch] anschrie: »Wie geht's, Boyli, Wie geht's?« Eine andere Erinnerung ist der Duft, der aus der Küche meiner Großmutter aufstieg, und mir das Wasser im Mund zusammenlaufen ließ ... ihre köstliche Knödelsuppe, Wiener Schnitzel und natürlich meine Lieblingsnachspeise, die Sachertorte. Das sind meine frühen Impressionen von Papas und Muttis Heim. Nach dem Tod meines Großvaters im Jahr 1957 pflegte meine Großmutter fast an jedem Nachmittag um 4 Uhr vorbeizukommen; wir saßen beisammen und jausneten. Die bei uns übliche Speisenfolge beinhaltete Eiskaffee mit Schlagobers und Gebäck mit Kaviar. Für mich als kleines Mädchen und einzige Tochter war das alles ganz normal. Erst Jahre später begann ich langsam zu verstehen, dass ich ein privilegiertes Leben und eine fast magische Kindheit hatte, und dass nicht jeder an einem See lebte oder einen Oscar sein Eigen nannte.

Im Alter von 7 bat ich meine Eltern, Violine lernen zu dürfen. Sie waren entzückt, ich wurde mit einer Viertelvioline ausgestattet, und ein Lehrer, der unweit unseres Hauses wohnte, wurde gefunden. Ich wurde Mitglied des Schulorchesters, besuchte Sommermusiklager und wählte schließlich am College Musik als Hauptfach. So war es ganz natürlich, dass ich die Laufbahn einer Violinistin einschlug, Schüler unterrichtete und »Gigs« übernahm, um meinen Lebensunterhalt zu verdienen. In Los Angeles geriet ich in die Welt der Freischaffenden und traf schließlich meinen künftigen Gatten, den Cellisten John Hubbard. Zu jener Zeit war die Musik meines Großvaters noch ziemlich unbekannt, so hatte die Tatsache, dass mein Familienname »Korngold« war, den meisten Leuten wenig gesagt. Ein Studienkollege stellte mich im Spaß als »Katy Korngold – ihr wisst, Max Steiners Enkelin!« vor. Er favorisierte die mehr als 300 Filmmusiken Steiners gegenüber jenen 18 von Korngold!

Anfang der 70er Jahre gab mein Onkel Georg Korngold, Musikproduzent bei RCA, gemeinsam mit dem Dirigenten Charles Gerhardt eine Schallplattenserie mit klassischen Filmmusiken heraus. Jenseits des Atlantiks in Liverpool entdeckte ein junger Autor mit Namen Brendan Carroll die Aufnahme von »The Sea Hawk« in der Auslage

4 Erich Wolfgang Korngold mit vier Jahren.

eines Schallplattengeschäfts. Herr Carroll, noch Student zu jener Zeit, war so begeistert von der Musik meines Großvaters, dass er seine aufstrebende Karriere dem noch »wenig bekannten« Komponisten widmete und schließlich auch die Korngold-Biografie »The Last Prodigy« (»Das letzte Wunderkind«) verfasste. Um seine Forschungen voranzutreiben, besuchte er meine Familie im Jahr 1974. Schließlich spielte Carrolls Buch eine sehr wichtige Rolle in der sich verändernden Wahrnehmung der Werke meines Großvaters; Carrolls Werk muss zu Recht gewürdigt werden, da er mitgeholfen hat, Korngolds internationale Reputation als Komponist wieder aufleben zu lassen.

Was ich persönlich zutiefst bedauere, ist die Tatsache, dass ich nicht Deutsch spreche. Meine Mutter wurde in den Vereinigten Staaten geboren, und obwohl sie ziemlich gut Deutsch verstand, wurde Deutsch bei uns daheim nicht gesprochen, und so bin ich auch nicht zweisprachig aufgewachsen. Als Erwachsene wird mir nun klar: hätte ich die deutsche Sprache als Kind erlernt, hätte mir das als Kämpferin für das

Lebenswerk meines Großvaters sehr geholfen. Nach dem Tode meines Vaters habe ich die Rolle »of administrating our family's half of the Korngold Estate« übernommen. Als Verwalterin stand ich in Briefkontakt mit Herausgebern, Künstlern, Wissenschaftlern, Forschern und Anhängern – viele von ihnen hatten Deutsch als Muttersprache. Alle waren überaus liebenswürdig und bereit, mit mir auf Englisch zu korrespondieren, aber manchmal frage ich mich, was ich verpasst habe, und ob unsere Dialoge zielgerichteter gewesen wären, wenn ich der Muttersprache meiner Gesprächspartner mächtig gewesen wäre. Dennoch, dank der bis zum heutigen Tag unvermindert anhaltenden Wiederaufnahme der Werke Korngolds ins Repertoire, hatte ich das große Glück, die ganze Welt bereisen zu können, und das alles verdanke ich Korngold. Musik ist wirklich eine Universalsprache.

1997 jährte sich Korngolds Geburtstag zum 100. Mal. Zu dieser Zeit waren unsere Kinder 6 und 10. Wir verloren meinen Vater im November 1996, und bald darauf wandte ich mich an meine Mutter, um ihr eine Reise unserer Familie nach London vorzuschlagen, weil wir wussten, dass mehrere feierliche Veranstaltungen geplant waren. Ich hoffte, dass der Aufenthalt eine tröstende Wirkung auf uns ausüben würde und uns allen etwas bieten könne, worauf wir uns freuen konnten in dieser für unsere Familie so traurigen Zeit. Wir sollten nicht enttäuscht werden, die Konzerte bei den Proms in London waren wirklich großartig.

Wir waren erwartungsvoll und staunten dann nicht schlecht, als wir unsere Plätze mit Blick auf die Bühne einnahmen; die Eröffnungstakte von Korngolds Oper »Violanta« wogten zu uns herauf, gespielt vom Bournemouth Symphony Orchestra unter der Leitung von Yakov Kreizberg. Einige Abende später, in der Pause der Aufführung von Korngolds Violinkonzert, klopfte jemand an die Tür unserer Loge. Ein uns bekannt vorkommender junger Mann stand lächelnd am Eingang, betrat die Loge, setzte sich neben uns und stellte sich vor mit den Worten »Hi, ich bin Gil«. Derjenige, der uns während der Pause besuchte, war der Solist, den wir gerade das Korngold-Violinkonzert spielen hörten, der wunderbare Gil Shaham!

Im November des Jahres 1998 erhielt ich einen Brief vom Intendanten der Trierer Oper mit der Einladung zur Sommerproduktion der fünften und letzten Oper meines Großvaters, der Oper »Die Kathrin«, der ich meinen Vornamen verdanke. Als berufstätige Mutter zweier Kinder war es nicht leicht für mich, so weit wegzufahren. Aber ich fühlte mich geehrt und schrieb, dass ich versuchen würde zu kommen, ohne wirklich an die Möglichkeit zu glauben, die Mühen der Reise auf mich nehmen zu können. Da kam eine weitere Nachricht vom Intendanten, Herrn Kindermann, in der er sich für mein Schreiben bedankte und mich bat: »Bitte machen Sie sich die Mühe«. Ich fand seine flehentliche Bitte so lieb, dass ich mich sofort anschickte, meinen Flug nach Deutschland für Juni 1999 zu planen. Mein Mann und ich reisten nach Trier ohne unsere Kinder. Wir wurden in einem netten Hotel untergebracht und besuchten zwei Vorstellungen von »Die Kathrin«. Unsere Plätze waren in der Loge von Herrn Kindermann; nach dem letzten Vorhang wurde ich auf die Bühne gebeten. Ich wurde dem Publikum vorgestellt, und es wurden mir ein Blumenstrauß, eine Flasche Wein aus der Region und eine Packung mit süßem Gebäck in Musikform überreicht. Während ich unsicher von einem Ohr zum andern grinsend das Gesicht verzogen hätte, so erzählte mir John später, hätte er weinen müssen, so heftig, dass es wehtat.

Später in diesem Sommer gab es eine Feier in der Hollywood Bowl in Süd-Kalifornien. Der United States Postal Service (Postdienst der Vereinigten Staaten) ehrte sechs Hollywood-Komponisten mit deren Portraits auf »Marken erster Klasse«: Bernard Herrmann, Erich Wolfgang Korngold, Alfred Newman, Max Steiner, Dimitri Tiomkin und Franz Waxman. Das Hollywood Bowl Orchestra unter der Leitung von Maestro John Mauceri spielte verschiedene Filmmusiken der geehrten Komponisten, und wir haben ein wunderschönes Foto der Familie Korngold zur Erinnerung an diesen besonderen Anlass mit nach Hause gebracht. Ich sollte darauf hinweisen, dass auch in Österreich und Tschechien Korngold-Briefmarken herausgekommen sind!

Im Sommer des Jahres 2004 war Korngold der Top-Komponist der Salzburger Festspiele. Inzwischen waren unsere Kinder 13 und 17 Jahre alt und wir freuten uns, ihnen den Geburtsort Mozarts so wie auch die Städte Wien, Graz und Gmunden zeigen zu können. In Gmunden besuchten wir Schloss Höselberg, wo meine Großeltern die Sommermonate verbracht hatten. Bei den Festspielen spielte der exzellente Violinist Benjamin Schmid das Korngold-Violinkonzert mit den Wiener Philharmonikern und niemand anderer als Maestro Seiji Ozawa stand am Dirigentenpult. Wir erlebten auch viele andere schöne Konzerte, und nach einer Aufführung von Korngolds bekanntester Oper »Die tote Stadt«, dirigiert von Maestro Donald Runnicles, waren wir auch zu einem sehr eleganten Abendessen eingeladen.

2007 waren 50 Jahre seit Korngolds Tod vergangen, und in der Musikwelt war dies nicht nur ein Grund für lobende Anerkennung, sondern auch ein Anlass, im Gedenkjahr Konzerte zu veranstalten. Da es November war und unsere Kinder zur Schule gehen mussten, reisten mein Mann und ich allein sowohl nach London als auch nach Wien. Das London Symphony Orchestra führte mehrere Werke Korngolds auf – am Dirigentenpult der großartige Dirigent Vladimir Jurowski. Aber das herausragendste Erlebnis von allen war eine konzertante Aufführung der vierten Oper Korngolds »Das Wunder der Heliane«. Wir waren privilegiert und konnten mehrere Proben besuchen, sahen und hörten den Dirigenten, das Orchester und die Solisten, wie sie sich ihren Weg durch diese überaus komplizierte Partitur bahnten. Es kam der Tag der Premiere und wir waren hingerissen! Wir wussten ja, in welche Tiefe die Künstler auf der Bühne vorgedrungen waren, um Korngolds Musik bestmöglich zu präsentieren. Wie flogen dann nach Wien, wo das Jüdische Museum eine mehrere Monate dauernde Ausstellung mit dem Titel »Die Korngolds« organisiert hatte, um das Leben meines Großvaters und seines Vaters, des viel beachteten Musikkritikers Dr. Julius Korngold, zu würdigen. Wien feierte uns und ich wurde im Radio und Fernsehen interviewt. Im Museum hielt ich ein Referat (leider auf Englisch) über meinen Großvater und Urgroßvater und würdigte auch die Anwesenheit meiner beiden lieben Cousins Gary und Les mit ihren Familien.

Wie oben dargelegt, habe ich viele Früchte als Mitglied der Korngold-Familie geerntet. Ich hatte und habe das Privileg, viele berühmte Künstler und Musiker kennenlernen zu dürfen. Durch die Korrespondenz mit Korngold-Anhängern, deren Leben seine Musik auf vielfältige Weise berührt hat, wurden freundschaftliche Kontakte geknüpft.

5 Kathrin Korngold Hubbard heute.

Ich schätze die Beziehungen, die ich im Laufe der Jahre mit Korngolds Verleger Schott in Mainz aufbauen durfte, sowie mit der Library of Congress in Washington, D.C. und Exilarte in Wien. Somit habe ich durch eine glückliche Fügung als geborene Korngold eine lebenslange Liebe zur Musik geerbt und komme mit Demut den Verpflichtungen als Verwalterin des Vermächtnisses von Erich Wolfgang Korngold nach.

Portland, Oregon
Dezember 2021

Anmerkung
Übersetzung des englischen Originalbeitrags ins Deutsche: Edith Wutka

Der Übervater Julius Korngold

Die Familie Erich Wolfgang Korngolds

von Kurt Arrer

Der Vater Dr. Julius Korngold (1860 – 1945) stammte aus Brünn in Mähren und arbeitete nach dem Jusstudium in Wien als Rechtsanwalt in seiner Heimatstadt. Daneben war er, befähigt durch musikalische Neigung und zusätzliche Studien am Wiener Musikkonservatorium, als Musikkritiker für Brünner Zeitungen und als Korrespondent der Neuen Freien Presse tätig. Schließlich holte ihn der Leiter des Musikreferats dieses Wiener Blattes Dr. Eduard Hanslick 1902 als seinen Assistenten nach Wien. Nach Hanslicks Tod 1904 übernahm Julius Korngold das Musikreferat der N. F. P. und verblieb 30 Jahre lang in dieser Stellung als Kritiker und Feuilletonist. Seine Musikkritiken und -feuilletons zeugen – auch aus heutiger Sicht – von profunder Sachkenntnis, glänzen durch pointierte Formulierungen und sind durch leidenschaftliche Parteinahme geprägt: Für ihn, an der Wiener Klassik geschult, sowohl für Brahms als auch – im Gegensatz zu Eduard Hanslick – für Wagner eintretend, Mahler nicht nur als Hofoperndirektor journalistisch unterstützend, über die Opern von Richard Strauss differenziert urteilend, stellten schließlich die Neutöner der Zweiten Wiener Schule um Schönberg, Berg und Webern das absolute Feindbild dar, das es in aller Schärfe und nicht immer mit lauteren Mitteln zu bekämpfen galt. In diesem Kampf stellte sein zweiter Sohn Erich Wolfgang aus der leidenschaftlichen Perspektive des Vaters eine besonders geeignete Waffe dar. Und diese »Waffe« galt es früh zu formen und zu »schmieden«, so dass Vater Julius das Kind und seine erstaunliche musikalische Frühbegabung mit enormer Fachkenntnis und strategischer Umsicht förderte, ja dessen geradezu fulminante Entwicklung zu seiner eigentlichen Lebensaufgabe machte. Dabei konnte es nicht ausbleiben, dass Julius Korngold als Vater eines musikalischen Wunderkindes und einflussreicher Musikkritiker in einen Interessenskonflikt geriet, der von einigen ihm nicht gutgesinnten Berufskollegen, aber auch von Künstlern, die sich vom Musikkritiker nicht gewürdigt fühlten oder sogar negativ beurteilt wussten, aufgezeigt und medial ausgeschlachtet wurde. Gegenseitige Intrigen, Pressekampagnen bis hin zu Prozessen waren die Folge. In diese bis in die 1930er Jahre immer wieder aufflammenden journalistischen Fehden wurde der Sohn unweigerlich, aber im Wesentlichen gegen seinen Willen hineingezogen. So groß die Verdienste des Vaters um die Karriere Erich Wolfgangs, zumindest bis zur Oper »Die tote Stadt«, auch unbestreitbar waren, so sehr schadeten Dr. Korngolds spitze Feder und sein ungezügeltes, vergeltungssüchtiges Temperament aber dem Sohn und seinem Werk. E. W. Korngolds Schaffensschwerpunkten der späteren Lebensphase im Bereich Operette und der Filmmusik begegnete der Vater vielfach mit Misstrauen und Unverständnis. Dass diese Arbeiten letztlich auch ihm den Weg ins rettende Exil ebneten, wollte der in Kalifornien verbittert an seinen musikalischen Überzeugungen festhaltende und von der neuen Karriere seines Sohnes in Hollywood enttäuschte Dr. Julius Korngold nicht wahrhaben.

Zu Lebzeiten wurden von Julius Korngold zwei Bände auch heute noch durchaus lesenswerter Musikfeuilletons veröffentlicht: »Deutsches Opernschaffen der Gegenwart« (1921) und »Romanische Oper der Gegenwart« (1922). Seine umfassende Auseinandersetzung mit der Neuen Musik, besonders mit dem Atonalismus der Schönberg-Schule, aber auch mit Kreneks sogenannter »Jazz«- oder »Zeitoper« »Jonny spielt auf« war 1937 im Manuskript vollendet, konnte jedoch im Wiener Doblinger Verlag 1938 nicht mehr erscheinen. Diese »Atonale Götzendämmerung« von Julius Korngold wurde schließlich 2020 von Oswald Panagl und Arne Stollberg als Faksimiledruck herausgegeben.

Dr. Julius Korngolds umfangreiche und nicht nur aus musikwissenschaftlicher Sicht interessante Lebenserinnerungen und Aufzeichnungen erschienen posthum 1991 in der Schweiz, unter dem Titel »Die Korngolds in Wien. Der Musikkritiker und das Wunderkind«.

Dr. Julius und Josefine Korngold hatten noch einen weiteren Sohn: den erstgeborenen Hans Robert (1892 – 1965), den der Vater in seinen zuvor erwähnten ausführlichen Aufzeichnungen jedoch nur in einem einzigen Satz nennt: wegen des zweiten Vornamens, den der Sohn Schumann zu Ehren erhalten hatte. Warum hat Julius diesen Hans Robert in seinen schriftlichen öffentlichen Äußerungen denn so eklatant ignoriert? Der ältere Sohn war alles andere als ein Wunderkind, nur durchschnittlich begabt, als Schüler immerhin Gymnasiast, dann kurz beim Militär (1914 – 1918, aber ohne Dienstverpflichtung), im Bankwesen und als Kaufmann Arbeitgeber und Arbeitsplatz wechselnd und überhaupt von labilem Charakter und sprunghaftem Wesen. Eine gewisse berufliche Kontinuität stellte sich erst Ende der 1920er bis Mitte der 1930er Jahre ein, als Hanns (nun mit einem zweiten »n«) Robert als Unterhaltungsmusiker in sogenannten »Jazzkapellen« auftrat, wobei er als Schlagzeuger mitwirkte, einschlägige Kapellen und Bands selbst leitete und ihnen auch seinen Namen gab: H. R. Korngolds Minstrel-Jazzband und Korngold's Six Rhythmicans. Dass der Name Korngold durch seinen jüngeren Bruder bereits internationale Berühmtheit erlangt hatte, mag für die Namensgebungen und die Konzertauftritte Hanns Roberts hilfreich gewesen sein. Mit seinen eigenen Ensembles trat er zwischen 1928 und 1933 in Wiener Theatern in Operetten und Revuen auf und war in diesen Jahren regelmäßig in Musikprogrammen der RAVAG bzw. von Radio Wien vertreten. Dazu kamen Konzertengagements in diversen Vergnügungslokalen (vor allem in Wien), aber auch im feinen Hotel de l'Europe in Salzburg, in Kur- und Badeorten.

Trotz der in diesen Jahren regelmäßig fließenden Einnahmen war der Musiker häufig in Geldnot und immer wieder auf die Unterstützung durch die Eltern und den Bruder angewiesen. 1932 heiratete Hans zum dritten Mal, und seine finanzielle Lage wurde wieder angespannt, als seine junge Frau Thea erkrankte und kostspielige Behandlungen erforderlich wurden. Immer wieder bezeugen Klage- und Bittbriefe von Hans an Bruder Erich aus den 1930er Jahren, die übrigens in gutem Stil und schöner Handschrift gehalten sind, seine prekären Lebensumstände. In der Familie Korngold gab es mit und wegen Han(n)s Robert häufig heftige Auseinandersetzungen, böse Verdächtigungen und Streit ums Geld. Im Zusammenhang mit seiner Flucht vor dem NS-Regime wurde außerdem der Verdacht geäußert, er habe ihm anvertraute Wertsachen, wertvolle Autografe und anderes unterschlagen. Erich Wolfgangs Bruder landete 1940, ohne seine dritte, nichtjüdische Frau, ebenfalls in den USA, suchte in Los Angeles bei seiner Familie Unterschlupf, erwarb den Führerschein, verdingte sich in der Filmmetropole als Chauffeur, heiratete ein viertes Mal – und scheiterte wieder. Mutter Josefine unterstützte im Exil den älteren Sohn weiterhin, aber Bruder Erich brach den Kontakt schließlich ganz ab. Hans Robert, der als »John Robert« inzwischen seinen Familiennamen abgelegt bzw. geändert hatte, bemühte sich um eine finanzielle Zuwendung vom österreichischen Hilfsfond für Verfolgte des NS-Regimes und um eine kleine Rente von der österreichischen Pensionsversicherung. Bereits schwer erkrankt, verstarb er im 73. Lebensjahr in Tirol. Völlig mittellos wurde er – außerdem unter dem falschen Namen »Robert John« – in einem Armengrab auf dem Friedhof von Schwaz bestattet. Der Name und die steile Karriere seines berühmten Bruders hatten wohl einen allzu großen Schatten auf sein eigenes unstetes, glückloses Leben geworfen, wie Hans selbst einmal klagend in einem Brief äußerte.

Dem Korngold-Biografen Guy Wagner ist es zu verdanken, dass unter Mitwirkung des Korngold-Archivars Bernd Rachold in Hamburg dem vergessenen Bruder des Wunderkindes im Anhang seines Buches »Korngold. Musik ist Musik« (Berlin 2008) ein eigenes Kapi-

6 Luzi Korngold mit Sohn Georg, 1929.

tel gewidmet wurde, zu dem auch der Verfasser dieses Beitrags durch eigene Recherchen einen Beitrag leisten konnte.

Unter den bemerkenswerten Persönlichkeiten der Korngold-Familie ist auch der jüngere Sohn von Erich und Luzi, George (als Kind Georg und liebevoll »Schurli«) Korngold zu nennen: 1928 in Wien geboren, starb er nicht einmal 60-jährig 1987 in den USA an einer Herzkrankheit. Welchen Weg hatte er, der 1935 mit den Eltern und dem älteren Bruder Ernst erstmals nach Kalifornien gekommen und gemeinsam mit den Eltern auch 1949 nach Österreich zurückgekehrt war, eigentlich eingeschlagen? Im Gegensatz zu seinem Bruder, der sich der englischen Literatur, besonders dem Werk Shakespeares, widmete und unterrichtete, standen in seinem Beruf der Film und die Musik im Mittelpunkt. So wurde er schon in jungen Jahren zum ausgewiesenen Kenner der Werke seines Vaters und konnte noch zu dessen Lebzeiten am Schaffen Erich Wolfgang Korngolds mit Sachverstand Anteil nehmen.

1949–1951, nach der Rückkehr in seine Heimatstadt Wien, studierte er Musiktheorie an der Akademie für Musik und darstellende Kunst und lernte in dieser Zeit seine erste Ehefrau Monika Selzer kennen, mit der er zwei Söhne haben sollte. Bereits im Frühjahr 1951 kehrten die Korngolds, auch der inzwischen mit Monika verheiratete George, nach Kalifornien zurück. Ihr Haus im Währinger Cottage-Viertel war der Familie nach mehrjährigen Mühen mit den Behörden, dem »Ariseur« und den Mietern 1949 restituiert worden, aber sie verkaufte es jetzt, nachdem sich keine längerfristigen Perspektiven auf ein Bleiben in Wien abgezeichnet hatten.

Auch Sohn George widmete sich also der Filmbranche und zwar der Erstellung von Filmmusik als »music cutter« bzw. »music editor«. Er war bereits an der Arbeit am letzten Film seines Vaters »Magic Fire« (mit der von diesem arrangierten Musik von Richard Wagner) beteiligt. Schließlich wurde George Korngold selbständiger Musikproduzent und machte sich besonders um die Veröffentlichung der Musik seines Vaters auf Langspielplatten verdient. Im Zentrum dieser von Sohn George produzierten LPs stand selbstverständlich die Filmmusik, besonders die ab 1971 aufgenommenen »Classic Film Scores of Erich Wolfgang Korngold«.

Damit kommt George Korngold ein großes Verdienst um die Wiederentdeckung der Werke des Vaters zu – nicht nur der Filmmusik, sondern auch der Opern, seiner späten Sinfonie in Fis op. 40 und der Kammermusik. Die Brüder Ernst und George Korngold übergaben außerdem den Nachlass ihres Vaters 1980 der Library of Congress in Washington, D. C.

Kehren wir noch einmal zurück zu Georges Großvater Dr. Julius Korngold: Julius hatte einen jüngeren Bruder, Eduard (1863–1939), über den sich der angesehene und streitbare Musikkritiker öffentlich ebenfalls kaum äußerte. Eduard Korngold war Schauspieler, Vortragskünstler und Coupletsänger und nannte sich als solcher Eduard Kornau. Für den heute vergessenen Humoristen (der auch selbst Possen schrieb) veranstaltete das Theater in der Josefstadt, wo sich E. Kornau vor allem mit seinem Vortrag von selbst verfassten Couplets einen Namen gemacht hatte, einen eigenen Abend, um ihn für seine 40-jährige künstlerische Tätigkeit zu ehren. Aus der eigenen Verwandtschaft wirkten bei dieser Jubiläumsveranstaltung seine Neffen Erich Wolfgang und Hanns Robert (Erich am Klavier, Hanns mit seiner Jazzkapelle) mit; Erichs Schwägerin Helene Sonnenthal trug Gedichte vor und die bekannte Burgschauspielerin Anna Kallina gab laut Programm »Kopien« zum Besten. Nebenbei sei erwähnt, dass Anna Kallina mit dem Schwager von Julius Korngold, Rechtsanwalt Dr. Egon Witrofsky, verheiratet war. Ihre Tochter Elisabeth Kallina(-Witrofsky) wurde übrigens ebenfalls Schauspielerin und heiratete in zweiter Ehe den damals noch sehr jungen Oskar Werner, der als Burg- und Filmschauspieler Berühmtheit erlangte.

Aber zurück zum Jubilar des Jahres 1930: Eduard Kornau, der eigentlich Korngold hieß, »durfte« – von schwerer Krankheit gezeichnet – ein knappes Jahr nach dem »Anschluss« noch zu Hause in Wien sterben, allerdings von den unmenschlichen Gesetzen des totalitären NS-Staates ausgegrenzt und verfolgt. Dass seine nichtjüdische Frau Minna bis zuletzt zu ihm hielt und den Todkranken pflegte, wird ihm Trost gewesen sein.

Julius Korngold hatte außerdem zwei Halbgeschwister, aus der zweiten Ehe seines Vaters Simon: Olga, verehelichte Pollak, geboren 1882, und Gustav, geboren 1891 ebenfalls in Brünn. Gustav Korngold war also nur ein Jahr älter als Hans, der Sohn seines Halbbruders Dr. Julius Korngold. Gustav arbeitete sich in der für Brünn typischen Textilbranche hoch, blieb alleinstehend und kinderlos und war in mehreren Fabriken in verschiedenen Ländern in leitender Funktion beschäftigt. Nach beruflicher Tätigkeit in seiner Heimat, in Polen und in Ungarn fand er 1931 – 1932 eine Anstellung in der Geschäftsleitung der Textilfabrik A. Berl's Söhne in Oedt bei Traun in Oberösterreich. Gustav Korngold, der Direktor-Stellvertreter, wohnte in einer Unterkunft für Mitarbeiter der Berl-Fabrik; dieses Wohnhaus steht auch heute noch und scheint nach außen wenig verändert. Die alte Textilfabrik, die jüdischen Eigentümern gehörte, gibt es freilich nicht mehr.

Nach seiner Rückkehr nach Mähren verlor Gustav Korngold 1939 in seiner Heimat auf Grund der nun auch in »Rest-Tschechien« in Kraft getretenen »Nürnberger Gesetze« seine Anstellung. Der Halb-

7 Das ehemalige BERL-Fabrikwohnhaus Oedt Nr. 26.

bruder von Julius und Onkel von Erich Wolfgang Korngold wurde gegen Ende des Jahres 1941 ins Ghetto Theresienstadt deportiert und 1944 in Auschwitz ermordet. Gustav Korngold, der ursprünglich gehofft haben mag, auf Grund seiner verwandtschaftlichen Beziehungen oder seiner geschäftlichen Verbindungen ins rettende, nicht von Nazis besetzte Ausland zu gelangen, wollte vielleicht seine schon lange verwitwete Schwester Olga Pollak nicht ohne seinen Beistand zurücklassen. Gustav starb im 54. Lebensjahr; seine Schwester wurde ebenfalls 1944, 62-jährig, ein Opfer der Shoah. Olgas Tochter Else (»Lisl«), verheiratete Morgenstern, wurde gleichfalls, so wie auch ihr Ehemann Egon und ihre Kinder Edith und Ernst, 1944 in Auschwitz ermordet. Nur Olgas Sohn Leo Pollak konnte sich mit Frau und Tochter nach England retten.

Sozialer und kultureller Aufstieg in der Monarchie Österreich-Ungarn, hervorragende Leistungen in Wirtschaft, Kunst und Kultur, und wenige Jahrzehnte später die drohende Vernichtung ihrer Existenz durch das NS-Terrorregime, Flucht ins Exil, alternativloser Versuch eines Neuanfangs »draußen«, ausbleibende Einladung zur Rückkehr in die befreite Heimat – mit diesem schicksalhaften Lebensweg, der wenigstens nicht in den Tod geführt hat, steht der Wiener Zweig der Korngold-Familie stellvertretend für viele Familien jüdischer Herkunft, die dereinst Österreich ein unverwechselbares, heute schmerzlich vermisstes Gepräge gegeben haben.

8 Jugendbildnis von Luise von Sonnenthal.

Hommage an Luzi

In drei Bildern: Die Lebensdaten – Ein Lebensbild – Das »Interview«

von Lis Malina

Die Lebensdaten

von Luise von Sonnenthal, verehelichte Luzi Korngold

1900	20. Juni, Geburt in Wien
1917	lernen sich Luzi und Erich Wolfgang Korngold persönlich kennen
1918	Abschluss Lyceum
1918 – 21	Gesangs-, Klavierunterricht am Neuen Wiener Konservatorium und privater Kompositionsunterricht in Schönbergs Harmonielehre
1922	Verlobung mit E. W. Korngold
1921 – 23	Inskription an der Wiener Staatsakademie in Gesang und Klavier
1920	Filmrolle in »Der Graf von Cagliostro«, Regie R. Schünzel
1923	Filmrolle in »Die Kurtisane von Venedig«, Regie F. Fehér
1924	Heirat (konfessionslos) mit Erich Wolfgang Korngold

1925	Geburt des ersten Sohnes Ernst Werner
1928	Geburt des zweiten Sohnes Georg Wolfgang
1933	Erwerb des Schlosses Höselberg bei Gmunden
1934–35	erste USA-Reise
1935–36	zweite USA-Reise
1936–37	dritte USA-Reise
1938	Jänner, vierte USA-Reise ohne Rückkehr: Toluca Lake, Hollywood wird die neue Adresse im Exil
1949–51	erste Rückreise nach Europa
1954–55	zweite und letzte Reise nach Europa
1957	29. November, Tod von Erich Wolfgang Korngold
1962	29. Jänner, Tod von Luzi Korngold

Ein Lebensbild

Luzi Korngold war:
eine hervorragende Pianistin (Leschetizky-Schule), exzellente Sängerin (Privatunterricht und Ausbildung an der damaligen k. k. Akademie für Musik und darstellende Kunst, der heutigen mdw), aufstrebende Schauspielerin und talentierte Zeichnerin von Karikaturen

eine faszinierend-elegante Frau: in jungen Jahren verspielt, schwärmerisch, witzig, keck – in reifen Jahren apart, klug, mutig, warmherzig, großzügig, schlagfertig, humorvoll

leidenschaftlicher Fan von Korngolds Kompositionen, Auftritten und Aufführungen

Wegbereiterin der #MeToo-Bewegung, die bereits während ihrer kurzen Filmkarriere verbale Übergriffigkeit mit entlarvendem Scharfsinn konterte

Korngolds kongeniale Ehefrau: seine Luzi, Uzi, Luzing, Luzerl, Luckerl, Uzuckerle, Luzinde, Lieblingsle …

Hommage an Luzi   43

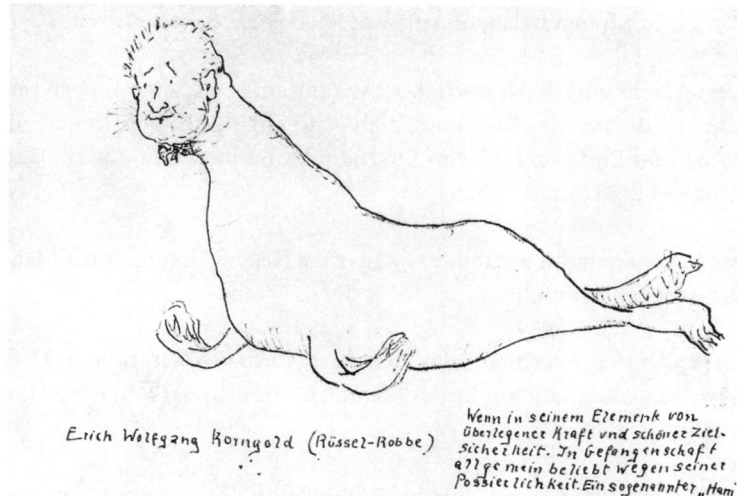

9 Karikatur von Luzi Korngold: Korngold als »Rüssel-Robbe«.
Wenn Luzi, am Steuer, Erich im Auto kutschierte, ließ der Komponist seine empfindlichen Hände mit den Handflächen nach oben auf einem Pölsterchen ruhen.

Mutter zweier Söhne und Großmutter dreier Enkelkinder

erste Zuhörerin von Korngolds neuen Kompositionen, Ideengeberin, Einflüsterin, Probenassistentin, Korrepetitorin, Notenkopistin, Korngolds Garderoben-»chefin« vor Auftritten

Hausfrau, Organisatorin mit Managerqualität, Sekretärin, Beraterin, Korngolds Anlaufstelle für Aufträge

Korngolds Reisebegleiterin auf fast allen Tourneen

furchtlose Chauffeurin riesiger Automobile – legendär Alpenpässe bezwingend

Dulderin jahrzehntelanger Anfeindungen der Schwiegereltern

Verfasserin und Illustratorin höchst amüsanter, an Seitenhieben reicher Gedichte wie »Max und Erich«, zwei lustige Bubenstreiche in Wort und Bild von Luzhelm Buschgold, und dem Dramolett »Der Himmel der Unsterblichen«

vertraute Freundin berühmter Frauen wie Helene Thimig, Alma Mahler oder Iphi Castiglioni

unbezahlte Lehrerin an Max Reinhardts Schauspielschule in Hollywood gemeinsam mit ihrem Mann, Helene Thimig, Iphigenie Castiglioni

die beste Warterin und Wärterin: Max Reinhardts Prädikat für Luzi, die – meist im Auto – stundenlang auf ihren Mann wartete. Sie selbst nannte sich Solveig – Synonym für die Frau, die ewig auf ihren Mann wartet. Vielleicht wurde sie so zur

Kettenraucherin

unterhaltsame Gesprächspartnerin von Max Reinhardt und Helene Thimig (oft nächtelang), Bruno Walter, den Gebrüdern Ludwig und Willy Strecker (Schott Verlag), Alma Mahler und Franz Werfel, Arnold und Trude Schönberg, Erich und Gertrud Zeisl, Julius und Emilie Bittner, Jan Kiepura und Marta Eggerth, Marcel Prawy, Max Steiner …

Autorin zweier Bücher: Biografien über Frédéric Chopin und Erich Wolfgang Korngold

Widmungsträgerin von »Walzer für Luzi« (1946), das Korngold als ein opus posthumum von Chopin »tarnte«, und von »Symphonische Serenade« op. 39, die Korngold nach 23 Ehejahren »For Luzi, my beloved wife, my best friend« komponierte vier Jahre und zwei Monate lang Witwe. In der letzten Lebensphase verfasste sie das Buch »Erich Wolfgang Korngold. Ein Lebensbild« und ungezählte Bittbriefe zu Gunsten von Korngolds Andenken und Œuvre.

Das »Interview« – fiktiv und posthum

Das Interview mit Luzi Korngold findet am 22. September 1955 auf der Terrasse eines Cafés in Hollywood statt.

LK: Luzi Korngold, LM: Lis Malina

LM: Liebe Frau Korngold, es ist mir eine große Ehre, Sie interviewen zu dürfen. Ich hoffe, ich stehle Ihnen nicht allzu viel Zeit, da ich davon ausgehe, dass Ihr Leben sehr ausgefüllt ist.

LK: Keine Sorge, ich habe gerne zugestimmt, da ich meinen Mann hierher chauffiert habe und jetzt auf ihn warte. So gesehen ist es mir ein angenehmer Zeitvertreib, mit Ihnen zu plaudern, denn es kann dauern ... Und gleich vorweggenommen: Ich freue mich über das Interesse an meinem Mann.

LM: Oh ja, ich bin sehr interessiert an ihm! Aber diesmal wäre es mir ein großes Vergnügen und Anliegen, hauptsächlich über Sie, die Ehefrau des berühmten Komponisten, zu sprechen. Sind Sie einverstanden und darf ich Sie einladen, unser Gespräch mit einer Erzählung über Ihre Kindheit zu beginnen?

LK: Ohhh, das ist sehr ungewöhnlich – aber ich nehme die Einladung gerne an. Da muss ich jetzt in Zeit und Raum einen gewaltigen Sprung machen und dennoch ist es wie vorgestern ... Ja, meine Kindheit war sehr schön und ich versetze mich gerne in diese Welt zurück. Es sind Erinnerungen an wunderbare Zeiten im Wien von damals ... *(Kurze, nachdenkliche Pause.)* Erinnerungen, die sich anfühlen wie … ja, wie Glück, das mir verblieb …

Also … ich stamme aus einer angesehenen Wiener Familie. Mein Großvater Adolf Ritter von Sonnenthal war ein berühmter Schauspieler am Wiener Burgtheater, kurzfristig auch sein interimistischer Direktor, der für seine Verdienste geadelt wurde. In Sachen Kunst war unsere Erziehung also entsprechend fördernd: Meine drei Geschwister und ich hatten jegliche Art von künstlerischer Ausbildung. Ich habe schon früh begonnen, Klavier zu spielen, und brachte es immerhin zu einer kleinen Karriere. Ich bin als junge Frau dort und da aufgetreten und setze heute noch meine – das sage ich jetzt unter Anführungszeichen – Karriere fort *(Lacht.)*, indem ich gelegentlich am Abend meinem Mann vorspiele. Er will Chopin hören, wenn er erschöpft von seinen Proben heimkommt … er mag meinen Chopin-Stil. Obwohl ich nie übe, fließt es mir immer noch aus den Händen und es freut mich bis heute, wenn Erich mich darum bittet – er ist ja selber ein großartiger Pianist. Wahrscheinlich wissen Sie, dass ich ein Büchlein über Chopin geschrieben habe. Aber, ha, jetzt verrate ich Ihnen ein Geheimnis! Wissen Sie auch, dass Erich anfangs richtig eifersüchtig war auf den polnischen Kollegen … Ist das nicht köstlich? Und das mir, der treuesten aller Ehefrauen! Als das Buch fertig war, war er zu guter Letzt immens stolz auf mich. *(Lächelt und zündet sich eine Zigarette an.)*

LM: Wollen Sie berichten, wie es war, bevor Sie Korngold kennengelernt haben?

LK: Wir waren drei Schwestern: Helene, Susanne und ich, unser Bruder Paul war der Älteste. Päpl, unser Vater ist sehr früh gestorben und unserer Mutter – wir nannten sie Mucki, blieb wenig Zeit zum Trauern. Wir Mädel waren ja eine lustige und lebhafte Bande und es ist immer ziemlich wild zugegangen … Sie ist übrigens vor einem Jahr gestorben … sie fehlt mir sehr … *(Pause.)* Ja, wo waren wir … genau … also, ich war als Jüngste beim Tod von Päpl 16, ab dann konzentrierten sich Muckis Erziehungsmaßnahmen auf mich allein. Sie konnte

10 Die drei Schwestern Luzi (Luise), Nene (Helene) und Susi (Susanne) von Sonnenthal.

streng sein, denn wahrscheinlich dachte sie, sie müsse den Vater ersetzen. Als ich im Alter von 17 Erich kennenlernte, mussten wir alle möglichen Geheimsprachen erfinden, zum Beispiel eine in Notenschrift verschlüsselte Schreibweise, damit sie uns nicht auf die Schliche kommen würde. Wie oft habe ich meine Briefe unter der Bettdecke verfasst, um der mütterlichen Kontrolle zu entkommen! Ich habe Erich ganze Romane geschrieben, überschwänglich jedes Detail berichtet. Arme Nachwelt, sollte je jemand auf die Idee kommen, Erichs Leben zu dokumentieren ... Ach ja, da wären wir bei Erich gelandet ...

LM: Kein Problem! Wir kehren mit der nächsten Frage schon wieder zu Ihnen zurück: Wie war Ihre Karriere als junge Schauspielerin?

LK: Ok ... so fifty-fifty kehren wir zurück, denn eigentlich stand diese kurze Karriere unter dem Motto, wie Erichs Name schon sagt: Er+ich! Ohne ihn ging und geht es nicht ... Unsere Liebe war mir viel wichtiger als meine Idee, Filmdiva zu werden. Erich hat mich auf allen Ebenen in meinen beruflichen und künstlerischen Ambitionen enorm unterstützt, aber wir haben uns in den Phasen des Getrenntseins schmerzlich vermisst. Zudem war mir in der Filmbranche von Anfang an vieles widerwärtig: Eitle Regisseure, die geglaubt haben, über mich verfügen zu können, diese Androhungen à la »Da gibt's nur einen Weg, du Ganserl« ... wie scheußlich! Eigentlich war mir die Schauspielerei in die Wiege gelegt und ich hätte sicherlich eine gute Karriere machen können, aber mein Wunsch, an Erichs Seite zu leben, war viel größer als alles andere. Die Rolle als seine Frau, seine Freundin, seine innig Vertraute zu spielen: Das war schlechthin meine lebenslange Traumrolle. Mit Erich gemeinsam kann und konnte ich auf eine herrliche Weise alle meine Talente ausleben und zudem habe ich mich in Künstlerkreisen zu Hause gefühlt, ich war es ja von klein auf gewohnt. Ich liebte es, Erich zu unterstützen als Probenassistentin, Dirigentin, Pianistin, Sängerin, beim Noten schreiben und korrigieren et cetera, et cetera – Stress und Aufregung inkludiert. Diese Mischung aus künstlerischen und alltäglichen Anforderungen war immer so abwechslungsreich und gefiel und gefällt mir enorm. Ich war und bin auch gerne Hausfrau, Mutter, Köchin usw. Aber Erichs Beruf und sein Erfolg war immer Mittelpunkt unseres Lebens. Ich habe ihn und seine Musik von Anfang an zutiefst bewundert und geliebt und tue es immer noch. »Er, der Herrlichste von allen«, das Lied von Schumann: ich kann es bis heute im Brustton der Überzeugung singen – als Raucherin zumindest in Tenorlage. *(Stimmt erheitert die Melodie an und sagt dann lachend:)* Wenn ich denke, dass mir als junge Sängerin die Koloraturen der Königin der Nacht ganz locker heraus perlten ...

LM: Wie waren die jungen Jahre Ihrer Ehe?

LK: Wunderschön und aufregend: Wir nannten es »verheiratet spielen«. Erich war ein Star – man riss sich in ganz Europa um ihn und um die Aufführungen seiner Opern, seiner Werke. Es war ein herrliches Leben. Bald waren wir ja auch stolze Eltern zweier Buben. Zudem hatten wir, nach anfänglich mühsamen Zeiten bei den Schwiegereltern, unsere wunderbaren Domizile in Wien und später zusätzlich unser heiß geliebtes Sommer-Paradies Höselberg in der Nähe von Gmunden. Mit dem Salzkammergut waren wir beide seit der Kindheit eng vertraut und hatten auch schon viel gemeinsame Zeit inklusive unserer Flitterwochen zwischen Gmunden und Aussee verbracht. Dass wir unser Schloss Höselberg letztlich verloren haben, war für uns ein tiefer Schmerz. Bis heute vermissen wir diesen Platz, die herrliche Landschaft und die würzige Luft. Aber gemessen am Schicksal vieler Freunde und Verwandter müssen wir dem Schicksal mehr als dankbar sein: Wir haben uns und den Großteil der Familie in letzter Sekunde vor dem sicheren Tod retten können. Warner Bros. hatte Erich für die Filmmusik von »Robin Hood« nach Hollywood geholt und das war unsere Rettung. Abgesehen davon, dass Erich immer sagt: »Robin Hood hat uns das Leben gerettet«, denke ich, dass es seine Klugheit und Geistesgegenwart war. Erich hingegen ist überzeugt, dass es meiner Intuition und Vorahnung zu verdanken sei ... *(Lächelt zärtlich.)*

LM: Wie ist das Leben in Hollywood?

LK: Wir haben uns nach und nach eingelebt, aber, ja … anfangs war das eine enorme Umstellung in eine völlig andere Welt, die einige von uns schwer verkraftet haben. Wir rotteten uns zusammen wie eine Herde Schäfchen, um uns die Illusion von ein bisschen Normalität zu geben. Zuerst mussten wir alle erst einmal Englisch lernen, den meisten gelang es so recht und schlecht. By the way, man sagt mir einen wienerischen Akzent nach – hopefully considered as a charming accent! Viele unserer Nachbarn waren aus Österreich wie die Zeisls und die Schönbergs: So konnten wir wenigstens unbefangen weiterhin österreichisches Deutsch sprechen und waren von vertrauten Menschen umgeben. Mit der Zeit wurde es ein bisschen wie Inzucht und jetzt wird es etwas trostloser, weil viele sterben oder weggehen …

LM: Welches war das traurigste und welches das schönste Ereignis Ihres Lebens?

LK: Das ist eine große Frage, denn es gab unendlich viel Trauriges und unendlich viel Schönes in unserem Leben. Das Traurigste war der gescheiterte Versuch, nach dem Krieg in Österreich wieder Fuß zu fassen. Wir waren immer der Meinung, dass wir nach dem Krieg aus den USA in unsere Heimat zurückkehren würden. Aber wir sind daran gescheitert … man hat uns abgewürgt … eine unbegreifliche Enttäuschung, wo Erich vor dem Krieg doch einer der erfolgreichsten Komponisten war. Man muss sich vorstellen, wie er bereits als 13-Jähriger in der Hofoper, der heutigen Staatsoper, gewürdigt und als Wunderkind herumgereicht wurde. Mahler, Zemlinsky, Strauss, Puccini, Bruno Walter usw. bewunderten und förderten ihn. Jahrelang wurde ihm der rote Teppich in Europa ausgerollt. Er wünschte sich nichts mehr, als an dieses Leben wieder anzuknüpfen, aber die Tore waren höchstens kurzfristig – meist auf trügerische Weise offen. In Wirklichkeit waren sie fast alle verschlossen. Bis auf die eine oder andere erfreuliche Renaissance wie die Aufführung der »Toten Stadt« in München im vergangenen Frühjahr wurden diverse Möglichkeiten verschoben, vereitelt, abgesagt oder unterstudiert aufgeführt, was eigentlich noch schlimmer war. Erich wurde zudem von vielen als Filmmusikkomponist abgetan, als ob es etwas Minderes wäre. Seine Werke wurden als eklektisch und tonal abgestempelt. Ich befürchte allerdings, es war mindestens ebenso unsere jüdische Herkunft, dass man uns nicht zurückhaben wollte. Wir begreifen es bis heute nicht: Wir waren konfessionslose Juden, mein Großvater war geadelter k. u. k. Burgtheater-schauspieler ... *(Zündet sich wieder eine Zigarette an, Nachdenkpause.)*

Daneben nimmt sich die ständige Krittelei meiner Schwiegereltern fast harmlos aus. Tatsächlich war das der ewige Stachel in unserem Leben, unter dem wir beide sehr gelitten haben. Das hat uns teilweise das Leben zur Hölle gemacht und da gab es, selten, aber doch, schwierige Momente zwischen uns. Erich war immer äußerst loyal mir gegenüber und hat mich verteidigt. Dann und wann überwog doch die Loyalität zu den Eltern, was mich wider besseren Wissens schmerzlich traf, denn das darf man ihm letztlich nicht verübeln ... es ist normal ... *(Nachdenkliche Pause.)* Also reden wir besser von etwas anderem ... ja, genau: Wir haben zuerst Erichs Filmmusik erwähnt – da möchte ich noch Folgendes ergänzen: Man muss verstehen, dass Erich keine absolute Musik komponieren wollte, solang der Krieg in Europa wütete. Insofern war die Filmmusik die willkommene Möglichkeit, als Komponist bzw. Arrangeur sein Geld verdienen zu können. Dennoch war es anfänglich fast jedes Mal ein großes Drama, bis er sich durchringen konnte, einen Vertrag mit Warner Bros. zu unterschreiben – vielleicht unter anderem auch, weil er wusste, dass es seinen Vater kränken würde. Julius lehnte die Zusammenarbeit mit Max Reinhardt von Anfang an strikt ab, also schon ab 1929. Einerseits verabscheute er die Genres Operette, Film, Musical, andererseits war er wahrscheinlich unbewusst dagegen, weil Erich sich durch dieses Metier von ihm unabhängig gemacht hat, vor allem in finanziellen Belangen. Dazu möchte ich auch noch ergänzen, dass Erich in Hollywood nicht nur unsere vierköpfige Familie ernährte, sondern auch seine Eltern, meine Mutter, meine Schwester und seinen Bruder Hans, der immer lebensuntüchtiger wurde. Schon als Kind war er das schwarze Schaf – bitte fragen Sie mich nicht, wie es dazu kam. Wahrscheinlich vergaß man auf ihn. Erich zog wahrscheinlich bereits als Kleinkind in seiner gewin-

11 Karikatur von Luzi Korngold.

nenden Art alle Aufmerksamkeit auf sich. A star was born! … und der ältere Bruder war Luft … *(Runzelt die Stirn.)* Aber, zurück zu meinem freigiebigen Erich, der nicht nur die Großfamilie, sondern auch ungezählte Freunde und Bekannte unterstützte, die in Schwierigkeiten waren. Das ging so lange, bis ihm das US government die Erlaubnis entzog, für Affidavits zu bürgen, weil Erich einfach alle retten wollte. Er war voller Mitgefühl, grenzenlos großzügig und tat in Folge alles, um diese Großzügigkeit zu ermöglichen. Tief drinnen hatte er eigentlich große Sehnsucht nach »seiner« Musik, aber er war realistisch und wandlungsfähig genug, um aus der Filmmusik das Beste zu machen und schlussendlich auch sein Vergnügen daran zu finden. Die beiden Oscars waren wirklich verdient.

Genug darüber! Wenden wir uns Ihrer zweiten Frage zu und reden von den schönen Dingen, die wir erlebt haben. Ja, unsere Ehe war und ist eine große, innige Liebe. Wir waren unzertrennlich und übereinstimmend, auch in puncto Humor. Den haben wir uns bis heute erhalten und nach Amerika mitgenommen als Reisegepäck – er rettete uns in den schlimmsten Momenten unseres Daseins. Erich hat eine unüberbietbare Schlagfertigkeit – man könnte ein Buch mit Anekdoten füllen. Ich glaube, es ist ein sehr wienerischer oder vielmehr böhmischer, vielleicht jüdischer Witz, das kann ich nicht beurteilen ... Schon als Kind verfasste er die lustigsten Gedichte und Reime. Er verwöhnte und verwöhnt damit seine Familie zu den diversen Anlässen. Aber auch ich habe zum Beispiel in Anlehnung an Wilhelm Busch unter dem Pseudonym Luzhelm Buschgold das kleine Büchlein über Max und Erichs Bubenstreiche verfasst und bebildert oder als Ludwyczysko Sunvallensky Erich zu seinem zweihundertsten [sic] Geburtstag einen Brief geschrieben. Oh ja, wir hatten und haben viel Spaß! Ich erinnere mich auch daran, dass wir in unseren jungen Ehejahren erwogen, nach Berlin zu übersiedeln, wo mein Bruder Paul mit seiner Familie lebte. Als Erich mutmaßte, dass Paul seinen Humor in Berlin verloren hätte, schworen wir postwendend dieser Idee ab ... *(Lacht.)* Da waren wir uns ganz schnell einig.

LM: Darf ich noch nach einem dramatischen Augenblick fragen?

LK: Du lieber Himmel, da kommt mir der absolute Albtraum in Erinnerung. Noch heute bekomme ich rasendes Herzklopfen, wenn ich daran denke, wie wir 1938 um Ernsti, unseren älteren Sohn, gebangt haben. Als Warner Bros. Erich für »Robin Hood« zum vierten Mal nach Hollywood engagierte, reisten wir nur mit Schurli in die USA und ließen Ernsti in der Obhut meiner Mutter in Wien. Ernsti war im Gymnasium und sollte natürlich nicht aus der Schule gerissen werden. Wir waren so naiv und konnten uns nicht vorstellen, dass unser heiß geliebtes Österreich mit einem Schlag von Hitler eingenommen werden könne. In diesem Fall gebührt meinem Schwiegervater der allergrößte Dank: Er hat in weiser Voraussicht Visa beantragt und Ernsti frühzeitig in seinen Pass eintragen lassen. So konnten sie in letzter Sekunde noch flüchten. Als jahrzehntelanger Mitarbeiter und Kritiker in der Neuen Freien Presse war er unbestritten ein höchst gebildeter, gewiefter und vorausschauender Kopf, der noch dazu die Nerven behielt. Mir kommen immer noch die Tränen, wenn ich mich erinnere, wie es war, Ernsti in die Arme schließen zu können ... es ist, als ob es gestern gewesen wäre. Wir waren zutiefst erschüttert ... mir dreht es noch heute den Magen um, auch, weil wir ein unendlich schlechtes Gewissen hatten, dass wir die Situation nicht realistischer eingeschätzt und Ernsti in so große Gefahr gebracht haben. Gott sei Dank ist dieser Kelch an uns vorüber gegangen ... *(Greift nach der Zigarettenschachtel.)*

LM: Es würde mich noch sehr interessieren, wenn Sie über Ihre Freundschaften erzählen würden.

LK: Da gibt es eine Fülle von wunderbaren und interessanten Menschen, mit denen wir teilweise seit Jahrzehnten befreundet sind, die unser Leben enorm bereichern und die unsere Schicksalsgenossen sind – das ist eine Verbindung ganz besonderer Art. Bruno Walter zum Beispiel kannte Erich schon als Kind. Er wohnte in der Theobaldgasse oberhalb der Familie Korngold und da entzückten ihn schon das Klavierspiel und die Improvisationen des kleinen Buben. Mit Maria Jeritza und Lotte Lehmann sind wir seit Jahrzehnten eng befreundet. Aus vielen Künstler-Freundschaften sind Lebensfreundschaften geworden: Max Reinhardt und Helene Thimig, Alma Mahler und Franz Werfel, Almas Tochter Anna Mahler, Marcel Prawy, Paul Wittgenstein, den wir in seiner Widerborstigkeit sehr schätzen und bewundern, Jan Kiepura und Marta Eggerth, Richard Tauber: so viele wunderbare Menschen und großartige Künstler. Viele unserer Freunde kennen wir bereits aus unseren Jugendjahren, aus den diversen Wiener Salons, die ein wunderbares Flair hatten und Treffpunkt interessanter Menschen waren. In Österreich verbunden sind wir heute hauptsächlich noch mit dem Ehepaar Bittner und Joseph Marx, der der Direktor der Akademie war, als ich dort studierte.

Unsere Nachbarn hier sind die Schönbergs, die Zeisls, Salka Viertel, Anni Lieser und viele andere. Trude, Schönbergs zweite Ehefrau

Hommage an Luzi 55

12 »Die tote Stadt« 1924 an der Berliner Staatsoper: Korngold, Richard Tauber, Regisseur Franz Ludwig Hörth, Lotte Lehmann und der Dirigent George Széll (v. l.).

ist nun seit vier Jahren Witwe. Ihre Schwester Mitzi Kolisch war die erste – unerfüllte – Liebe von Erich. Was für ein Glück, dass sie ihn abwies – ich bin ihr heute noch dankbar dafür! *(Lacht.)* Nebenbei erwähnt: Ihr späterer Mann Otto Seligmann war ein langjähriger Verehrer von mir – den aber ließ wiederum ich abblitzen ... köstlich, nicht wahr! Mitzis Bruder Rudi war übrigens der Gründer des berühmten Kolisch-Quartettes, das Erichs Kammermusik europaweit aufgeführt hat. Nuria Schoenberg, die Tochter von Trude und Arnold, hat seit

Kindertagen mit unserem Schurli gespielt. Die beiden sind gute Freunde – geheiratet hat sie kürzlich den italienischen Komponisten Luigi Nono und somit Amerika den Rücken zugekehrt.

Persönlich am meisten verbunden fühle ich mich mit Helene Thimig, die meine Herzensfreundin ist. Wir kennen uns seit der Kindheit und haben schicksalhaft so viele unglaubliche Momente miteinander geteilt und viele Nächte gemeinsam mit unseren Männern geredet, gelacht, philosophiert. Erich hat Helene nach dem Tod von Max Reinhardt sehr unterstützt und sie hat sich wiederum sehr engagiert, uns nach Österreich zurückzuholen. Wir sind so etwas wie gegenseitige Lebensretter geworden – ja, so ist unsere famose Freundschaft. Auch mit Iphi Castiglioni und mit Alma Mahler-Werfel und ihrer Tochter Anna bin ich sehr verbunden. Alma ist Widmungsträgerin von Erichs Violinkonzert und Anna hat die wunderbare Büste von Erich gemacht. In Summe fühlen wir uns hier als Schicksalsgenossen sowieso eng verbunden und diverse Unstimmigkeiten von wegen tonal/atonal aus Wiener Tagen haben sich in der kalifornischen Sonne aufgelöst ... *(Kurze Pause.)* Ich will aber auch von der innigen Freundschaft mit meiner geliebten Mutter Mucki und mit meinen Schwestern sprechen, von denen nur mehr Susi lebt. Sie ist in Australien verheiratet und übrigens Erichs sogenannte Zwillingsschwester: die beiden sind am gleichen Tag geboren.

LM: Ich würde Sie noch gerne nach etwas Kuriosem, Heiterem fragen ...

LK: Heitere Geschichten sind wahrlich keine Mangelware in unserem Leben ... Also, ich greife eine heraus: Erich ist völlig unbekümmert über seine Garderobe und ich laufe ihm bis heute dann und wann nach, wenn er in einem zerschlissenen Hemd in eine Probe gehen will oder reiße ihm noch schnell ein fleckiges Sakko vom Leib, um ihm ein anderes anzuziehen. Es gibt also doch bemerkenswerte Tatbestände, wo wir grundverschieden sind! *(Lacht.)* Ich persönlich lege großen Wert auf elegante Kleidung, eine gepflegte Frisur, hübsche Schuhe usw. Aber vielleicht liegt es daran, dass Erichs Vorfahren mährische Spiri-

13 Karikatur von Luzi Korngold.

tuosenverkäufer und meine ungarische Schneider waren! *(Zieht schmunzelnd eine Augenbraue hoch.)*

Da fällt mir noch ein – dazu gibt es eine wirklich kuriose Geschichte zu erzählen: Der Höhepunkt von Erichs Auftrittsvorbereitungen ist und war schon immer der Gang zum Friseur, der ihm seinen sogenannten »Erfolgsschnitt« verpassen muss: Das sind kurz geschnittene Haare, so eine Art Stoppelglatze, mit denen er offensichtlich dem Künstlertyp so gut wie möglich widersprechen will. Alle Überredungskünste und Aufbietung meines Charmes waren vergebens und hoffnungslos zum Scheitern verurteilt. Aber ist es nicht wunderbar, wenn einem der Ehemann nach mehr als drei Jahrzehnten hier und da noch Rätsel aufgibt?

LM: Als Abschlussfrage würde ich noch gerne erfahren, wie es Ihnen in Toluca Lake geht und ob Sie sich mittlerweile hier heimatlich fühlen.

LK: Das Wort Heimat … hm … das löst Traurigkeit aus … ja, da ist immer noch eine große Wehmut … Wir haben uns nach der letzten Europareise, von der wir erst vor einigen Monaten zurückgekehrt sind, entschieden, das Glas halb voll zu sehen und uns hier über die kalifornischen Orangenbäume zu freuen. Wir sind unendlich dankbar, dass wir hier Fuß fassen konnten und lassen nun Europa und Wien hinter uns. Wir haben seit 12 Jahren die amerikanische Staatsbürgerschaft – also sind wir Amerikaner geworden und unsere Kinder sind das schon ganz selbstverständlich, von den Enkelkindern ganz zu schweigen. Das dritte ist übrigens grad unterwegs … Und – wissen Sie, dass Erich seine »Symphonie in Fis« aus Dankbarkeit Franklin Roosevelt gewidmet hat: Das sagt doch alles aus.

LM: Liebe Frau Korngold, das war ein wunderschönes Schlusswort. Ich bedanke mich ganz herzlich für das Gespräch.

LK: Es war mir ein Vergnügen und ich hoffe, wir haben ausführlich genug über mich geredet. Erich wird möglicherweise bald kommen … *(Zündet sich wieder eine Zigarette an und bestellt Eiskaffee mit Schlagobers.)*

ENDE

Anmerkung

Gendern war zum Datum des Gespräches unüblich – deswegen wurde im Interview darauf verzichtet.

Werksverzeichnis von Luzi Korngold

Korngold, Luzi, Max und Erich, 1933. Zur Gänze abgedruckt in: Malina, Lis (Hg.), Dear Papa, how is you? Wien 2017.

Remodling the house, Karikaturen aus 1955/56. Im Blog von Dr. Michael Haas, https://forbiddenmusic.org/2015/07/1.8/the-false-myths-and-true-genius-of-erich-wolfgang-korngold/ (letzter Zugriff: 08.02.2022).

Korngold, Luise, Lieber Meister Chopin: Eine romantische Biographie. Wien 1960.

Korngold, Luzi alias Santa Lucia, Der Himmel der Unsterblichen. 1954. 2008 als Hörspiel in Oe1, dzt. nicht abrufbar, Informationen unter: https://oe1.orf.at/artikel/211906/Luzi-Korngolds-Komponistenhimmel (letzter Zugriff: 08.02.2022).

Korngold, Luzi, Erich Wolfgang Korngold, Ein Lebensbild. Wien 1967.

Korngold, Luzi, Kurzbiographie. In: Große Österreicher. Erich Wolfgang Korngold. Neue österreichische Biographie. 1815, Band 14, S. 198–206.

»Singe, sing' nur immer zu!«

Volkslied – Jugendstil – Expressionismus:
Zum Liedschaffen Erich Wolfgang Korngolds

von Oswald Panagl

Ein paradoxer Befund

Wer sich unvoreingenommen mit Korngold als Liederkomponisten auseinandersetzt, stößt zunächst auf unerwartete Sachverhalte:
- Der Tondichter, welcher seit etwa vier Jahrzehnten eine unverhoffte Renaissance auf der Opernbühne, im Konzertsaal und in den Tonstudios erlebt, begegnet in keinem der von mir befragten einschlägigen Handbücher zum Liedrepertoire: nicht in »Reclams Liedführer« von Werner Oehlmann (1993), weder in Elisabeth Schmierers »Geschichte des Kunstlieds« (2017) noch im zweibändigen Referenzwerk »Musikalische Lyrik« (Hg. Hermann Danuser, 2004). Haben die jeweiligen Autoren die Wende in der Rezeption dieses Komponisten nicht nachvollzogen, oder sprechen sie ihm in diesem Segment seines Schaffens Qualität, Originalität und »nennens-werte« Bedeutung ab? Doch blickt man auf die nicht wenigen längst vergessenen, geradezu verschollenen und auch nicht in Lie-

derabenden vertretenen Schöpfer von Liedgut, die gleichwohl in diesen Büchern namentlich erwähnt und klassifiziert werden, so dürfte sich der Benützer wenigstens eine Angabe zur fehlenden Würdigung erwarten.
- Auch bei den führenden Liedersängern zwischen 1980 und der unmittelbaren Gegenwart hat der musikalische Lyriker Korngold offensichtlich wenig Widerhall gefunden. Dietrich Fischer-Dieskau und Hermann Prey, beide nicht nur Herolde der Gattung, sondern auch stets als »Pfadfinder« auf der Suche nach verborgenen Schätzen, haben Korngolds Beiträge zum Genre Lied kaum beachtet. In Hermann Preys umfassender Edition auf Tonträger findet sich gerade einmal eine einzige Nummer des Komponisten: »Altspanisches Lied« (op. 38,3). Auch bei den InterpretInnen unserer Tage (Christian Gerhaher, Matthias Goerne, Benjamin Bernheim, Diana Damrau, Marlis Petersen) zeichnet sich keine Trendumkehr ab.
- Das dritte Paradoxon liegt im Werk des schöpferischen Musikers selbst. Zwar hat Korngold (nach einer ersten Talentprobe im Alter von 8 Jahren) von 1910 an Gedichte vertont, die Stücke ab 1916 mit Opuszahlen versehen und die Produktion bis in die späte Schaffenszeit fortgesetzt. Doch scheint ihm dieser Sektor seines Werkes kaum je ein zentrales Anliegen gewesen zu sein. Der Komponist wollte offenbar kein »Liederfürst« werden, denn die Oper, das sinfonische Repertoire und die Kammermusik galten ihm deutlich mehr. Und so nehmen sich die drei Dutzend seiner Lieder mit Werknummern vergleichsweise bescheiden aus. Die durchaus vorhandene Liebe zur menschlichen Stimme verwirklichte er eher außerhalb seiner Partituren für den Tonfilm besonders auf der musikalischen Bühne. Dabei sind ihm gerade in diesem Bereich einige Meisterstücke gelungen, die eher liedhaft als arios wirken. Das trifft auf »Mariettas Lied« (eigentlich ein Duett) aus seinem Chef d'Œuvre »Die tote Stadt« ebenso zu wie für das Lied des Pierrot aus demselben Werk. Und auch in seiner letzten Oper »Die Kathrin« ist die melodisch reizvolle Nummer des tenoralen Protagonisten ein »Wanderlied«.

Zyklisches: Liederkränze und Themenkreise

Korngold gab nur seinem letzten Lied, dem »Sonett für Wien« (op. 41), als Einzelstück eine eigene Werkzahl. Ansonsten bündelte er seine Gesänge zu mehrteiligen Gebilden und stellte sie immer wieder unter ein sinniges poetisches Motto. Schon mit 14 Jahren fasste er zwölf Lieder nach Gedichten Joseph von Eichendorffs zusammen und präsentierte sie seinem Vater, dem gestrengen Kritikerpapst Julius Korngold, 1911 als Weihnachtsgeschenk. Der Titel »Opus 5. So Gott und Papa will« hat sich freilich nicht ganz bewährt, da der junge Musikus diese Werkzahl im Jahr darauf an seine »Sinfonietta« vergab. Drei Lieder aus diesem Dutzend vereinigte er später mit ebenfalls drei neugeschaffenen Geschenken nach anderen dichterischen Vorlagen zu seinem ersten Zyklus op. 9 unter dem Titel »Einfache Lieder«. Ein innerer Zusammenhang ist dabei nicht zu erkennen; die Bezeichnung aber passt trefflich zum Understatement der »Schlichten Weisen« von Richard Strauss und Max Reger.

Semantisch deutlicher ist der Name »Vier Lieder des Abschieds« von op. 14. Unterschiedliche Lesarten von »Trennung« sind Gegenstand der Gedichte verschiedener Poeten bzw. Dichterinnen: Vom Scheiden aus dem Leben (»Sterbelied«) bis zum Auseinandergehen zweier Liebender (»Gefaßter Abschied«) reicht der Bogen. – Die »Drei Gesänge« von op. 18 vereint personell der Autor der Gedichte, der mit 24 Jahren 1919 an Tuberkulose verstorbene Hans Kaltneker, ein frühvollendeter österreichischer Expressionist, den Korngold auch persönlich kannte. In einer Klimax von schwärmerischer Zuwendung über suggerierte Ruhe zu emotionaler Ekstase (»Ich will! Ich liebe dich!«) folgt die Tonsprache den Ausdrucksregistern der Worte.

Die »Drei Lieder« op. 22 verbindet eine gelassene Stimmung seelischer Verbundenheit und harmonischen Einklangs, die sich bereits in den Anfangszeilen des ersten Stücks kundgibt: »Was du mir bist?« – »Mit dir zu schweigen ... Welt ist stille eingeschlafen.« – Der Titel »Unvergänglichkeit« der vierteiligen Gruppe auf Texte Eleonore van der Straatens (op. 27) wiederum deckt thematisch Situationen und Befindlichkeiten des lyrischen Ichs ab.

14 Maria Jeritza in der Titelpartie von »Violanta«, 1916 an der Wiener Staatsoper.

Zwei englische Liederreihen fallen gleichsam unter das Motto »Brush up your Shakespeare«. Die berufliche Zusammenarbeit des Komponisten mit Max Reinhardt in den USA für dessen Workshop »Shakespeare's women, clowns and songs« zeitigte ab 1937 die beiden einschlägigen Zyklen. Für die Ausschnitte aus »Twelfth Night« (»Was Ihr wollt«) komponierte Korngold als op. 29 fünf »Songs of the Clown« (»Narrenlieder«), darunter auch die Nummer »For the rain, it raineth every day«, deren Text in deutscher Übersetzung als Lied des Falstaff schon in Otto Nicolais Oper »Die lustigen Weiber von Windsor« Eingang gefunden hatte. – Als weibliches Pendant dazu schuf der Komponist einen vierteiligen Liederkreis mit dem »Weidenlied« Desdemonas (»Othello«) und drei Frauengesängen aus »As You Like It« (»Wie es euch gefällt«).

Ohne echten inneren Konnex zeigen sich die Lieder, welche Korngold im amerikanischen Exil als op. 38 zusammenfasste und später gleichsam als Liederstrauß »Maria Jeritza, my unforgettable Violanta and Marietta in Friendship and Admiration« zueignete. – Im schon erwähnten Monolith »Sonett für Wien« (op. 41) mag der Komponist seine – durchaus ambivalente – Erinnerung an die musikalische Heimat nostalgisch verklärt haben (»Du Stadt, du Psalm!«).

Gelegenheit macht Lieder

Neben dem offiziellen Œuvre hat Korngold mit leichter musikalischer Hand eine Reihe von Gesängen ohne Opuszahl aus dem Stegreif geschrieben: Als musikalische Albumblätter für vertraute Personen und besondere Anlässe, deren amüsanten Tonfall man mittelweile auf CD nachhören kann. In der alten Tradition der literarischen Stammbuchverse flossen dem Komponisten zu den eigenen Worten auch gefällige Weisen aus der Feder. Der nie um einen musikalischen Einfall verlegene Melodiker beschenkte und überraschte schon früh seinen Vater (»Kleiner Wunsch«) und später die Mutter zu besonderen Geburtstagen mit unverhofften klanglichen Präsenten (»Der innere Scharm«, »Ausser«). Eine auch tonale Delikatesse ist »Die Gansleber im Hause

Duschnitz«, mit welcher der Musiker in der kulinarisch kargen Zeit nach dem Ersten Weltkrieg seinen Gastgebern für eine kalorienreiche Köstlichkeit dankt. Und 1922 tröstet der Sohn mit dem »Quinquaginta Foxtrott« seine Mutter witzig über ihren Fünfziger hinweg.

Wort und Ton: Die Textdichter

Die Schöpfer musikalischer Lyrik um 1900 und in den Jahrzehnten danach wählten ihre textlichen Vorlagen nicht bloß aus dem Vorrat vergangener Dichter wie Goethe, Eichendorff, Heine oder Mörike, sondern nutzten auch die poetischen Angebote ihrer Zeitgenossen. Richard Strauss etwa, der mehrmals Texte von Richard Dehmel, Otto Julius Bierbaum oder Heinrich Hart aufgriff, hielt es sogar für eine vornehme Pflicht des Musikers, den Worten von Gedichten auch einen vokalen Resonanzboden zu verschaffen. Hans Pfitzner und Max Reger taten es ihm gleich.

Korngold hat eine beträchtliche Anzahl von Gesängen nach Eichendorff-Gedichten komponiert, und die Shakespeare-Zyklen haben – wie gesagt – ihre besondere Entstehungsgeschichte. Insgesamt überwiegen aber lyrische Vorlagen aus der unmittelbaren Gegenwart des Komponisten. Dichterinnen wie Edith Ronsperger, Elisabeth Honold und die schon genannte Eleonore van den Straaten haben ihre poetischen Spuren gesetzt. Und auch eher randständige Poeten wie der als Musikschriftsteller bekanntere Karl Kobald oder der deutschtümelnde Heinrich Kipper aus der Bukowina mit seinen Versen »Das Heldengrab am Pruth« finden sich unter den »Wortspendern«. Solche Autoren beiderlei Geschlechts fordern mit ihren gängigen Floskeln und abgegriffenen Bildern den Musiker nur wenig heraus, bieten ihm also keine Kanten und Klippen, an denen er sich reiben und »abarbeiten« muss und dadurch beweisen kann. Das vorhandene »Gereime« verlockte den flinken Improvisator eher zu flotten (vor)eiligen, stimmungsbezogenen Resultaten: »Der Regen fällt. Die müden Bäume triefen« oder »Fern von dir denke ich dein, Kindelein« hat eben kein Goethe geschrieben.

15 Das lange unveröffentlichte Lied »Liedesmut« (später: »Sangesmut«), 1917 abgedruckt im ersten Jahrgang der Zeitschrift »Donauland«.

Anders steht es mit den eruptiven, verquälten Entäußerungen des todkranken Hans Kaltneker, und auch die Verse von Siegfried Trebitsch sind ansprechend und bemerkenswert. Der Verfasser hat übrigens mit seiner Übersetzung der Bühnenversion von Georges Rodenbachs »Bruges-la-Morte« unter dem Titel »Le mirage« (»Das Trugbild«) das Sujet für das Libretto der »Toten Stadt« geliefert und dramaturgisch aufbereitet. In einem anderen Fall besteht wenigstens eine mittelbare Beziehung zum Opernschaffen des Komponisten: Der Dichter Ernst Lothar ist immerhin der Bruder von Hans Müller, dem Verfasser der Textbücher zu »Violanta« und »Das Wunder der Heliane« (nach einem Entwurf »Die Heilige« von Hans Kaltneker). Korngolds eigener, so sorgsamer wie sensibler Umgang mit poetischer Diktion zeigt sich in seinem empfindungsstarken »Abschiedslied eines österreichischen Soldaten« vor seinem Einsatz an der Front, das er als Schlussnummer von op. 14 freilich später durch den Text »Gefaßter Abschied« von Ernst Lothar ersetzt hat. Auch die deutsche Fassung des »Old Spanish

Song« (op. 38,3) von Howard Koch ist wahrscheinlich dem Komponisten zu verdanken.

Tonsprachen: Klangregister und musikalische Verfahren

Ein Thema, welches für sich einen eigenen, längeren Aufsatz verlangt, kann in diesem Rahmen nur fragmentarisch, aphoristisch und punktuell behandelt, besser: angesprochen werden.

Das Liedschaffen Korngolds zeigt im eigentlichen Sinn keine fortschreitende innere Entwicklung. Der Musiker ist in seinen frühen Gesängen schon ein reifer Komponist auf der Höhe seiner Zeit, wirkt aber umgekehrt in manchen seiner späten Beiträge zur Gattung mitunter wie ein naiver, an Volksweisen orientierter Neuling. Seine stärksten und eigenständigsten Schöpfungen sind wohl die »Kaltneker-Gesänge« (op. 18) und die »Lieder des Abschieds« (op. 14). Typisch genug sind beide Zyklen im Umfeld von Bühnenwerken entstanden: Die melodiegesättigte frühere Gruppe als Parergon und Nachklang zur »Toten Stadt«, die jüngere Trias mit ihrem spröden, progressiven, auch exaltierten Klangidiom quasi als Vorstudie zum »Wunder der Heliane«.

Dass Korngold ab 1940 musikalisches Material aus seinem Schaffen als Filmkomponist aufgriff und wiederverwendete, offenbart seine neue eigene Wahrnehmung als Musiker und das zugehörige Selbstwertgefühl auch im Bereich des Liedes. Das inhomogene op. 38, in englischer wie deutscher Textfassung verfügbar, verweist in den ersten vier Nummern auf die Arbeit des Komponisten in Hollywood. »Glückwunsch«/»I wish you bliss« (Richard Dehmel) beruht auf der Hauptmelodie zum Streifen »Deception« (1946); »Der Kranke«/»Wings« (Joseph von Eichendorff) greift musikalisch auf den Film »Juarez« (1939) zurück; »Old Spanish Song« (Howard Koch) erklang bereits als Gesangsnummer im Kassenschlager »The Sea Hawk« (1940); »Old Englisch Song« war zunächst für »The Private Lives of Elisabeth and Essex« (1939) vorgesehen.

Pointiert gesprochen, wirken manche Gesänge Korngolds eher wie schlichte Verse mit improvisierter Begleitung, andere wiederum als

16 Lotte Lehmann und Jan Kiepura in Korngolds »Das Wunder der Heliane« an der Wiener Staatsoper (»Kronenzeitung« vom 30. Oktober 1927).

vokales Beiwerk zu einem virtuosen Klavierstück. Die bisweilen beträchtlichen Intervallsprünge überschreiten zudem das Maß von lyrischer Rezitation. Und gelegentlich ersetzt, vorsichtig ausgedrückt, Routine den zwingenden Impuls.

Ein Urteil, das der Leser nach diesen Betrachtungen über Korngolds Beitrag zum Liedrepertoire erwarten darf, fällt durchwachsen, wenn nicht sogar kurios aus. Der Tondichter zählt kaum zu den Fixsternen dieser Gattung: Dafür schwankt die Qualität der einzelnen Stücke zu sehr, und das Genre insgesamt steht nicht im Mittelpunkt seines musikalischen Interesses und kompositorischen Schaffens. Zudem dominiert der zufällige Anlass manchmal über das dringliche, triftige künstlerische Bedürfnis und eine zwingende Inspiration.

Es ist also keinem Musikfreund zu verargen, wenn er ariose Nummern aus einigen Opern Korngolds zugleich für seine gelungensten Liedschöpfungen hält. Doch auf der anderen Seite möchte der Kenner und Liebhaber die »Lieder des Abschieds« oder die »Songs of the Clown« gerne häufiger auf dem Konzertpodium erleben.

Verwendete Literatur

Carroll, Brendan G., The Last Prodigy. A biography of Erich Wolfgang Korngold. Portland, Oregon 1997.

Rentsch, Ivana, Singende Melodie. Erich Wolfgangs Korngolds Lieder als kritische Aneignung der Gattungskonventionen. In: Michael Heinemann und Hans-Joachim Hinrichsen in Verbindung mit Carmen Ottner (Hg.), Öffentliche Einsamkeit. Das deutschsprachige Lied und seine Komponisten im frühen 20. Jahrhundert. Köln 2009. S. 149–168.

Rentsch, Ivana, Symmetrie als Prozess. Korngolds spätes Liedschaffen im Spiegel seiner frühen Werke. in: Arne Stollberg (Hg.), Erich Wolfgang Korngold. Wunderkind der Moderne oder letzter Romantiker. Bericht über das internationale Symposion Bern 2007. München 2008. S. 121–136.

Wagner, Guy, Korngold: Musik ist Musik. Berlin 2008.

Erich Wolfgang Korngold auf Sommerfrische

… mit einer Vorliebe für das Salzkammergut

von Kurt Arrer

Erich Wolfgang Korngold war das Salzkammergut von früher Kindheit an sehr vertraut. Die »Fremden-Liste« genannte Kur- bzw. Gästeliste von Bad Ischl führt ab 1899 den kleinen Erich mit seiner Mutter Josefine und seinem (älteren) Bruder Hans samt Dienerschaft – damals noch in Brünn wohnhaft – als Gäste bei Schiffer in der Lerchenwaldstraße an. Vater Dr. Julius Korngold reiste 1902, bereits als Musikreferent in der Neuen Freien Presse, aus Wien an und stieg standesgemäß im Hotel zur Kaiserin Elisabeth ab.

Es sollte noch ein Jahrzehnt vergehen, bis Altaussee für Erich Wolfgang Korngold im Sommer eine bevorzugte Rolle spielte, und das galt bis zu seiner Hochzeit mit Luzi Sonnenthal im Jahr 1924. Die Jahre davor hielt sich Erich mit seiner Familie im Sommer gern in den Südtiroler Dolomiten auf: bei Bozen am Karersee am Fuße des Latemar und in Landro bei Schluderbach südlich des Pustertals. Im August 1907 besuchten die Eltern Julius und Josefine Korngold mit dem 10-jäh-

17 Luzi und Erich Wolfgang Korngold 1924 in der Sommerfrische in Altaussee.

rigen Erich, dem bereits komponierendem Wunderkind, den berühmten Gustav Mahler in dessen Feriendomizil in Altschluderbach bei Toblach im Südtiroler Pustertal. Der kleine Komponist und Pianist hatte (Noch-)Hofoperndirektor Mahler schon in Wien aus ersten eigenen Werken vorgespielt, und Gustav Mahler empfahl ihm den aufstrebenden Komponisten und Dirigenten Alexander von Zemlinsky für den weiteren Theorie- und Kompositionsunterricht. Wie beeindruckt, ja begeistert Mahler von Erich Wolfgangs besonderer Begabung war, berichtet seine Frau Alma – sie hatte selbst bei Zemlinsky Unterricht genommen – in ihren Erinnerungen (»Mein Leben«). Sie erzählt aber auch, wie kindlich der 10-Jährige in Wirklichkeit war, und dass er damals lieber mit ihrer Tochter Anna gespielt und sich kleinlaut für seine schlechten Tischmanieren beim Kuchenessen entschuldigt habe.

Südtirol sollte in den langen Jahren des kalifornischen Exils ein Schauplatz schöner Kindheitserinnerungen bleiben, so dass er die Dolomitenlandschaft bei Reisen nach seiner Rückkehr nach Europa zwischen 1949 und 1954 noch mehrmals aufsuchte.

Dokumentiert sind Sommerfrischenaufenthalte in Korngolds Kindheit und Jugendzeit außerdem am Wörthersee 1910, im renommierten Südbahnhotel auf dem Semmering 1910 und 1912, ebenfalls 1912 am Mendelpass in Südtirol und im Juli 1913 eine Reise ins belgische Nordseebad Westende. Seine Sommeraufenthalte in Karlsbad in Böhmen, einem der beliebtesten Kurorte der Donaumonarchie, in den Jahren 1911 und 1912 sind gleichfalls von Bedeutung: Denn die Familie Korngold war keineswegs nur zur Erholung dort; Kontakte zur urlaubenden Musikwelt galt es zu knüpfen, zu pflegen und zu vertiefen. Und Erich Wolfgang, der inzwischen schon die an zeitgenössischer Musik interessierte Öffentlichkeit in großes Erstaunen versetzt, ja Bewunderung hervorgerufen hatte – vor allem mit seinen beiden 1910 uraufgeführten Werken »Der Schneemann«, einer Ballettpantomime, und dem Klaviertrio op. 1 – sollte vor allem komponieren!

Dass er seiner außergewöhnlichen musikalischen Begabung und damit auch den väterlichen Erwartungen gerecht wurde, geht aus der sommerlichen Korrespondenz, zum Beispiel mit seinen Großeltern mütterlicherseits, hervor.

In Karlsbad wurde 1911 auch die instrumentierte Fassung seiner »Märchenbilder« op. 3 (ursprünglich nur für Klavier) uraufgeführt, und der kleine Korngold schuf in diesem Sommer auch sein Opus 4, die »Schauspiel-Ouvertüre für Orchester«. Im Karlsbader Sommer 1912 komponierte er bereits den Finalsatz seines Opus 5 »Sinfonietta in B für Orchester« und instrumentierte die anderen Sätze. Ein Jahr später wurde dieses groß angelegte sinfonische Werk von den Wiener Philharmonikern unter der Leitung von Felix Weingartner, dem der Komponist sein Opus 5 auch widmete, erfolgreich uraufgeführt.

Ab August 1913, nach dem Familienurlaub im Seebad an der Nordsee, folgt eine längere Reihe von Sommeraufenthalten im Salzkammergut, besonders in Altaussee. Die Familie Korngold besaß selbst keine Villa dort, genauso wenig wie Arthur Schnitzler, Hugo von Hof-

18 Altaussee, Puchen 109 heute.

mannsthal, Theodor Herzl oder die Komponisten Richard Strauss und Egon Wellesz – um einige prominente Kunstschaffende der Altausseer Sommerfrische zu nennen –; sie mietete sich privat in Häusern von Einheimischen ein. Als Adressen der Korngold-Sommerfrische finden sich Fischerndorf 16 (zweimal), Puchen 109 und 79 (Letztere erst 1949) und Altaussee 111 (mehrmals zwischen 1914 und 1924). Natürlich musste auch ein Klavier herbeigeschafft werden – selbstverständlich nicht bloß zum Vergnügen, sondern als Arbeitsinstrument, denn gerade im Sommer wurde auch hier komponiert und instrumentiert. In Altaussee stellte Korngold 1913 die Instrumentierung seiner »Sinfonietta« fertig und arbeitete bereits an der Violinsonate op. 6 (Uraufführung im Oktober 1913 in Berlin).

Als das mittlerweile 17-jährige, wohlbehütete, ja von den Eltern schier mit Argusaugen bewachte, gar nicht mehr so kleine Wunderkind im Sommer 1914 wieder in Altaussee weilte, brach über Österreich die

Katastrophe des Ersten Weltkriegs herein. Wenn man Arthur Schnitzlers penibel geführte Tagebuchaufzeichnungen liest, kann man nachvollziehen, wie damals die Stimmungslage – speziell der Sommergäste im Salzkammergut – war: Von anfänglicher Kriegsbegeisterung ist wenig zu spüren, eher das Bemühen, den Ernst der neuen Realität in der Naturlandschaft und der Kultur der Sommerfrische zu verdrängen. Aber Sorge, Skepsis, Trauer und Bitterkeit treten zunehmend in den Vordergrund. Erich Wolfgangs Eltern sorgten sich und fürchteten um ihren jüngeren Sohn – Gleiches ist in Bezug auf Hans Robert, den Erstgeborenen, der auch früher eingezogen wurde, wenn auch nur zu einer Versorgungseinheit, nicht bekannt. Der junge Komponist musste erst 1917 zur k. u. k. Armee einrücken, konnte aber als Militärmusiker in Wien stationiert bleiben. Korngolds »Militärmarsch in B« und die 1917 in Wien uraufgeführte »Zita-Hymne« zu Ehren der letzten Kaiserin zeugen von seiner Kompositionstätigkeit im Regimentsdienst.

Aber in den ersten Kriegsjahren (1914 – 1916) schuf Erich Wolfgang, vom Weltgeschehen weitgehend unbeeinflusst, seine beiden Operneinakter »Der Ring des Polykrates« und »Violanta«. Im Ausseer Sommer 1915 arbeitete Korngold intensiv am zweiten Einakter »Violanta«. Der Komponist und exzellente Pianist lockte mit seinen Klängen spontan erscheinende Zuhörer herbei, die der im Entstehen begriffenen Opernmusik lauschten. Einer davon war der Altausseer Villenbesitzer Clemens Baron von Franckenstein, Intendant der Münchner Hofbühnen. An einer Uraufführung der beiden einaktigen Bühnenwerke sofort sehr interessiert lud er den Komponisten nach München zum Vorspielen dieser Opernnovitäten vor dem Opernchef Dirigent Bruno Walter ein.

Bruno Walter brachte den heiteren »Ring des Polykrates« und die tragische Oper »Violanta« im Jahr darauf, am 28. März 1916, in München zur Uraufführung.

E. W. Korngolds Opernmusik erklang damals auch schon bei anderen Sommergästen in Altaussee, etwa in der von Schriftsteller Arthur Schnitzler gemieteten Villa Annerl, als ihm Erich Wolfgangs Musikfreundin Gerty Landesberger am Klavier den »Ring des Polykrates« vorspielte. Schnitzler spielte selbst gut Klavier, schätzte gute Hausmusik und verfolgte die Entwicklung des ehemaligen Wunderkindes mit gespanntem Interesse.

In den Altausseer Sommer 1916 fällt die Weiterarbeit an einem kammermusikalischen Hauptwerk Korngolds, dem »Streichsextett in D«, op. 10. Im selben Jahr entstanden die ersten Skizzen zu seiner großen Erfolgsoper »Die tote Stadt«, mit dem Libretto von Paul Schott (Pseudonym für Dr. Julius Korngold mit Beteiligung des Komponisten selbst) nach Georges Rodenbachs Roman »Das tote Brügge« bzw. dessen Schauspiel »Das Trugbild«.

Die Anfänge dieser dritten Opernkomposition E. W. Korngolds fanden jedoch durch seine Einberufung zum Militärdienst eine – vor allem für den ängstlichen Vater – unliebsame Unterbrechung. 1918, nach knapp einem Jahr, war der Sohn aber wieder Zivilist und beschäftigte sich unverzüglich mit der Komposition einer neuen Bühnenmusik zu Shakespeares Komödie »Viel Lärm(en) um nichts«, einer Auftragsarbeit für eine Neuinszenierung des Burgtheaters im Schönbrunner Schlosstheater. Daran arbeitete Korngold auch in der Villa Margarete seines Großcousins »Onkel« Otto Witrofsky in Reichenau an der Rax. Die Widmung von drei Stücken aus der gleichnamigen Suite (für verschiedene Besetzung) op. 11 belegt seinen Arbeitsaufenthalt in dieser beliebten niederösterreichischen Sommerfrische und zeugt von seiner guten verwandtschaftlichen Beziehung zum Cousin seiner Mutter, einer geborenen Witrofsky.

Erich Wolfgang Korngold fuhr im Sommer 1918 anschließend doch noch nach Altaussee, und zwar in doppelter »Mission«: Inzwischen hatte sich seine enge Freundschaft zu Luzi von Sonnenthal, einer vielseitig künstlerisch begabten Gesangs- und Klavierschülerin am Neuen Wiener Konservatorium und dann an der Wiener Musikakademie, zu einer innigen Liebesbeziehung entwickelt. Und Luzi (eigentlich Louise), eine Enkelin des legendären Burgschauspielers Adolf Ritter von Sonnenthal, verbrachte – wie schon 1917 – den Sommer in Altaussee.

Erich schlug seiner Freundin Luzi vor, dort ein Wohltätigkeitskonzert mit seinen Kompositionen zu organisieren. So geschah es auch – nicht zuletzt zur Freude des verliebten jungen Paares.

19 Das Haus Altaussee Nr. 111 heute, wo Erich Wolfgang und Luzi Korngold 1924 ihre Hochzeitsreise ausklingen ließen.

Da Altaussee für Erich und Luzi auch gemeinsam wichtig geworden war, ließen sie 1924 ihre Hochzeitsreise, die sie – auch wegen beruflicher Verpflichtungen – nach Paris, London, Hamburg und Berlin geführt hatte, im Sommer dort ausklingen. Leider quartierten sich Luzis Schwiegereltern ebenfalls in Altaussee ein, und zu allem Überdruss ausgerechnet beim Hochzeitspaar. Es dauerte auch nicht lange, bis der auf Luzi eifersüchtige Schwiegervater Dr. Julius Korngold Unfrieden stiftete. Gearbeitet wurde trotzdem: Der Komponist schmiedete schon konkrete Pläne für seine nächste Oper, und seine vielseitige Frau korrigierte den Notendruck des Korngold'schen Klavierquintetts op. 15.

Die Nachkommen der damaligen Quartiergeber im reizvoll oberhalb des Sees gelegenen Haus Altaussee 111 haben bis heute deren mit Humor gewürzte Erinnerungen an Erich und Luzi Korngold bewahrt. Man erzählt, dass das frisch vermählte Paar die Räumlichkeiten als beengend empfunden hätte, obwohl Enge nach Meinung des Vermieters in den Flitterwochen doch eigentlich nicht unpassend sei …

Nun aber zurück zur Sommerfrischen-Chronologie Erich Wolfgangs, nämlich zum Sommer 1919. Der Komponist verbrachte zwei Monate in Gmunden – nicht zur Erholung, sondern die Komposition der Oper »Die tote Stadt« vorantreibend. Er wohnte in der Kuferzeile 41 bei der Schriftstellerin und Journalistin Olga (Olly) Karbach. Aber immer wieder fuhr er zu seiner Luzi, deren Tante Lori Nossal eine schöne Liegenschaft besaß: das Loibenleitnergut in der Aschau, zwischen Bad Ischl und Strobl gelegen. Dank der Salzkammergut-Lokalbahn und eigener Haltestelle (Aschau bzw. später Aschau-Golfplatz) war der Sommersitz von Luzis Verwandtschaft auch für den verliebten Erich gut erreichbar. Der Liebesbriefwechsel wurde übrigens über das dem oberösterreichischen Nossal-Gut in der Aschau nächstgelegene Postamt Aigen-Vogelhub abgewickelt, das aber schon im Salzburgischen liegt. Das nostalgisch anmutende (ehemalige) Postamtsgebäude gibt es Gott sei Dank heute noch.

Korngolds Gmundner Vermieterin Olly Karbach erlitt in der NS-Zeit ein grausames Schicksal: Zuerst wegen ihrer jüdischen Abstammung aus Gmunden vertrieben, wurde sie 1942 ins KZ Riga deportiert, wo sie umkam.

Gmunden spielte für Erich und Luzi Korngold auch in den 1920er Jahren eine wichtige Rolle: In zwei Sommern mietete man sich in der Villa Fernblick der Familie Wense in der Nähe von Schloss Ort ein. Die junge Familie war jetzt zu dritt: Sohn Ernsti (Ernst Werner) war 1925 geboren worden. 1927 ging es um die Fertigstellung bzw. Instrumentierung der vierten und aufwändigsten Korngold-Oper »Das Wunder der Heliane«. Auch im Sommer 1926 hatte der Komponist intensiv am neuen Bühnenwerk gearbeitet, allerdings in der Villa Budischowsky am Semmering.

Die bezaubernde, ruhig gelegene Villa Fernblick in Gmunden war ursprünglich im Besitz der Hofopernsängerin Pauline Lucca, verehelichte Baronin von Wallhofen. Nach ihrem Abschied von der Bühne gab sie in ihrer Villa Gesangsunterricht, veranstaltete Hauskonzerte

20 Villa Fernblick in Gmunden heute.

und im eingebauten Haustheater sogar Opernaufführungen, zu denen viel Prominenz erschien. E. W. Korngold verbrachte auch noch 1930 einige Sommerwochen in der Villa Fernblick, inzwischen im Besitz von (Baron) Ernst (von) Wense, der in Gmunden im Dienst des Herzogs von Cumberland stand. Der Komponist schuf 1930 zusammen mit Julius Bittner das Singspiel »Walzer aus Wien« mit der bearbeiteten Musik von Johann Strauss.

Warum war E. W. Korngold eigentlich im Sommer so intensiv an seinem Werk schaffend tätig? Während des Jahres warteten in Wien viele Verpflichtungen, auch gesellschaftlicher Natur. Erich dirigierte inzwischen auch vermehrt und hatte 1923 mit Operettenbearbeitungen begonnen, um sich für die Gründung einer eigenen Familie eine solide materielle Basis zu sichern. Außerdem war er besonders in Deutschland als Komponist und auch als Dirigent gefragt und reiste immer wieder nach Hamburg, Berlin und zu seinem Musikverlag nach Mainz; er war beruflich in Holland und in Dänemark. Im Gegensatz dazu wirkte das Salzkammergut – nicht nur auf Korngold – wohl zugleich entschleunigend, entspannend wie auch der Konzentration förderlich.

Bevor Erich und Luzi 1933 schließlich ihr eigenes Sommerdomizil erwarben, führten sie Sommerurlaube zweimal auf die Insel Brioni bei Pola in Istrien, nach Venedig, nach Velden am Wörthersee und immer wieder in die Aschau zu Tante Lori, wo sich nicht nur viel Verwandtschaft, sondern auch Prominenz aus Kunst und Kultur versammelte. So war etwa Arthur Schnitzler mit Gattin Olga zu Besuch, die in der Villa Nossal bei Tante Loris Stammgast Kammersänger Franz Steiner Gesangsunterricht nahm. Richard Strauss kam mehrmals, und professionell aufgeführte Kammermusik gehörte buchstäblich zum guten Ton dieser Sommerfrische, bis sie wirtschaftlich und politisch bedingt an Zugkraft verlor. Auch Lori Nossal wurde vom NS-Regime wegen ihrer jüdischen Herkunft verfolgt, 1942 ins Ghetto Theresienstadt deportiert, wo sie noch im selben Jahr ums Leben kam.

Das Haupthaus des Aschau-Gutes, das von den Nazi-Behörden beschlagnahmt worden war, brannte ab, nachdem sich ein »Ariseur« und NS-Profiteur dort breitgemacht hatte. Was vom idyllisch an der Ischler Lokalbahn gelegenen Nossal-Familienbesitz nach dem Zweiten Weltkrieg noch übrig war, wurde an die Erben restituiert, später verkauft und schließlich durch eine Eigenheimsiedlung verbaut. Die Ortstafel »Aschau« erinnert heute noch an das seinerzeitige kulturell geprägte Leben in der Sommerfrische um die Familien Nossal, Sonnenthal und Korngold.

Ein Nebenschauplatz der Korngold'schen Sommerfrische sei wegen seiner kulturgeschichtlichen Bedeutung auch erwähnt: der Berghof bei Unterach am Attersee, aber zur Gemeinde St. Gilgen gehörend und damit bereits zum Bundesland Salzburg. Eine weitere Tante von Luzi Korngold war Clara Sonnenthal, Miteigentümerin einer der Berghofvillen. Tante Claras Onkel, der im 19. Jahrhundert erfolgreiche Komponist, Pianist und Brahms-Freund Ignaz Brüll hatte sich am Berghof eine eigene Villa bauen lassen. Brülls Schwester und Claras Mutter Hermine besaß selbst eine Villa, die Schwarz-Villa, als Teil des

Berghofensembles. Die Zeit bis zum Ersten Weltkrieg war die Glanzzeit dieser Sommerfrische, die von berühmten Künstlern, sowohl Literaten als auch Musikern, belebt wurde: von Hugo von Hofmannsthal, Arthur Schnitzler, Felix Salten (»Bambi«), von Komponist Karl Goldmark (Oper: »Die Königin von Saba«), Gustav Mahler, Dirigent Bruno Walter, um nur einige bekannte Namen zu nennen. Theodor Herzl, Anthroposoph Rudolf Steiner und Architekt Oskar Marmorek (»Venedig in Wien« im Prater) zählten auch zu den Berghofgästen. Eine schöne Beschreibung der Sommerfrische auf dem Berghof aus eigener Jugenderinnerung liefert uns Brigitte Bermann Fischer, die Tochter des renommierten Verlegers Samuel Fischer (»Sie schrieben mir oder was aus meinem Poesiealbum wurde«).

Belegt ist ein Besuch E. W. Korngolds mit seiner Familie auf dem Berghof oberhalb des Attersees im August 1932. Zur seit vier Jahren vierköpfigen Familie stießen Dr. Julius und Josefine, die Großeltern von Ernsti und Schurli. Sonst ging man sich im Sommer eher aus dem Weg – Erichs Eltern waren im Jahr davor jedoch auch in der Aschau gewesen –, denn familiäre Spannungen waren stets latent vorhanden und kamen oft genug zum Ausbruch.

Erichs Familie fuhr dann weiter zum Lido in Venedig, im eigenen Auto, und die tüchtige Luzi chauffierte. Der Musikschriftsteller Dr. Julius Korngold, noch immer für die Neue Freie Presse Kritiken und Feuilletons schreibend, bevorzugte mit seiner Frau hingegen den Ort Bad Gastein, dem er viele Sommer die Treue hielt.

Auch Luzi Korngolds Tante Clara wurde ab 1938 auf Grund der antisemitischen Nürnberger Gesetze verfolgt; der selbstgewählte (?) Tod bewahrte die 60-Jährige 1941 vor Deportation und Ermordung in einem KZ des Hitler-Terrorregimes.

Erich Wolfgang Korngolds enge Beziehung zum Salzkammergut erfuhr 1933 ihren letzten und nachhaltigsten Höhepunkt: Der Komponist erwarb zusammen mit seiner Ehegattin Luise (so steht es offiziell im Kaufvertrag vom März 1933), gemeint ist natürlich Luzi, die Liegenschaft Schloss Höselberg in der Gemeinde Gschwandt bei Gmunden. Den Höselberg zeichnet eine reizvolle Lage aus: außerhalb von

Gschwandt östlich des Traunsees etwas versteckt oberhalb der Straße von Gmunden nach Scharnstein ins Almtal, am Fuß des Flachbergs. Verkäuferin war Erna Terruhn aus Berlin, der frühere Eigentümer Fürst Edgar Sulkowski, Oberst i. R., hatte dem historischen Bauernhof mittels Turm sein hübsches, schlossähnliches Aussehen angedeihen lassen. Zum Anwesen gehörten auch Wald, Wiese, Acker, eine Hühnerfarm und der Garten. Die landwirtschaftlich nutzbaren Flächen wurden teilweise verpachtet und ein Verwalter und Hausmeister eingestellt, der auf Schloss Höselberg mit seiner Familie nach dem Rechten sah.

Erich und Luzi begannen sofort sich in ihrem eigenen Sommersitz einzurichten, stilgerecht seiner ursprünglichen Bestimmung als Bauernhof Rechnung tragend. So konnte die Familie bereits den Sommer 1933 im Schloss und auf Gut Höselberg verbringen. Entspannung und Ablenkung an diesem besonderen Platz mit seiner herrlichen Umgebung und Aussicht taten dem Komponisten gerade jetzt, in dieser politisch turbulenten und nichts Gutes verheißenden Zeit, wohl. In Deutschland hatte sich mit der Machtübernahme durch Hitler und seine Partei und der Ausrufung des »Dritten Reiches« 1933 die Lage plötzlich und radikal geändert. E. W. Korngold musste Berlin im Februar 1933 nach der Aufführung seiner Bearbeitung der Leo-Fall-Operette »Die geschiedene Frau« überstürzt verlassen und verlor auf Grund der neuen totalitären und rassistisch-antisemitischen Gesetze die Aufführungsmöglichkeiten für seine Werke auf den Bühnen und in den Konzertsälen Deutschlands. Auch der Kontakt zu seinem Verlag in Mainz gestaltete sich zunehmend schwieriger.

Natürlich wollte der Komponist sich an seinem neuen Besitz nicht untätig erfreuen, sondern auch arbeiten – wie er es im Sommer gewöhnt war. Da kamen seine Pläne zu einer weiteren Oper, seiner fünften und bereits letzten, gerade zur rechten Zeit. Er begann zielstrebig »Die Kathrin« zu schaffen, allerdings behindert durch Schwierigkeiten mit dem Libretto, das mehrmals Änderungen erforderte und sich leider trotzdem als unzulänglich erwies. So zog sich die Komposition der neuen Oper mehrere Jahre und damit die kommenden Höselberg-Sommer hin. Aber warum fiel die Arbeit an diesem volkstümlich angelegten Bühnenwerk vor allem in die Sommerzeit?

21 Schloss Höselberg im Juli 1997.

Die kalifornische Filmmetropole Hollywood rief auf Wunsch des Regisseurs Max Reinhardt 1934 nach Erich Wolfgang Korngold als Bearbeiter der Schauspielmusik Felix Mendelssohns für die von Warner Bros. sehr aufwändig gestaltete Verfilmung von Shakespeares »Sommernachtstraum«. Tatsächlich reisten Erich und Luzi, allerdings ohne ihre Söhne Ernst und Georg, im Herbst 1934 erstmals nach Kalifornien. Erst im Mai 1935 war das Ehepaar wieder mit den Kindern in Wien vereint, und zwei erholsame Monate auf Schloss Höselberg folgten.

Dieser Lebens- und Reiserhythmus wurde vom Komponisten für die nächsten drei Jahre beibehalten, denn Hollywood und Warner Brothers wollten sich Korngolds sinfonisch und zugleich opernhaft ausgeprägte Begabung für Filmmusik nicht entgehen lassen und warben um ihn mit lukrativen Vertragsangeboten. Die für Juden immer bedrohlicher werdende Lage in Deutschland und die Anzeichen für eine wirtschaftliche und politische Krise in Österreich taten ein Übriges. Die von E. W. Korngold erhoffte und ihm auch versprochene Uraufführung seiner fünften Oper »Die Kathrin« an der Wiener Staatsoper im Frühling 1938 – es wäre die erste Uraufführung einer Korngold-Oper in Wien geworden – kam aus den bekannten politischen Gründen nicht mehr zustande. Der Komponist war jedoch mit seiner Frau und dem jüngeren Sohn – der ältere, Ernst, folgte der Familie noch rechtzeitig gemeinsam mit den Großeltern –, einem sicheren Instinkt und guten Ratschlägen von verschiedener Seite vertrauend, zum Zeitpunkt des »Anschlusses« seiner Heimat bereits wieder in Hollywood. Korngold hatte ein neues und, wie sich bald erweisen sollte, lebensrettendes Filmangebot erhalten und kurzerhand angenommen. Sogar die Bedenken wegen einer Schiffsreise über den Atlantik im Winter fielen nicht entscheidend ins Gewicht. Unter großem Zeitdruck und voll Sorge um seine und Luzis Angehörige, die noch in Europa und sehr gefährdet waren, schrieb er die Musik zum Erfolgsfilm mit dem Kinostar Errol Flynn »The Adventures of Robin Hood«, für die E. W. Korngold auch mit einem Oscar ausgezeichnet wurde.

Und Schloss Höselberg? Vom Sommer bis zum Herbst 1937 hatte der Komponist dort noch an seiner neuen Oper gefeilt, die jedoch ihre Uraufführung erst nach Ausbruch des Zweiten Weltkriegs im Oktober 1939 in Stockholm erlebte.

E. W. Korngold hatte aber auch in seinem oberösterreichischen Sommerdomizil an einem Violinkonzert zu arbeiten begonnen, für das er Themen aus seiner Musik zu drei Filmen der Jahre 1936–1937 heranzuziehen gedachte (später kam noch ein Thema aus dem Film »Juarez«, Premiere 1939, hinzu). Dass er damals schon das Violinkonzert op. 35 zu komponieren angefangen hatte, beweisen zahlreiche in den Jahren nach dem abschließenden Verkauf des Korngold-Besitzes im Schloss Höselberg aufgefundene Notenkopien seiner bis 1937 vorliegenden Filmmusiken.

Was geschah mit Erich und Luzi Korngolds Besitz in Gschwandt bei Gmunden in der NS-Zeit bzw. während des Zweiten Weltkriegs? Da die Eigentümer in den USA in Sicherheit waren, konnten sie von den Nazi-Behörden nicht zum Verkauf gezwungen werden. Die Korn-

> * **Vermögensbeschlagnahme.** Die Staatspolizei hat die Beschlagnahme des Vermögens des früheren Gauleiters der VF Rittmeister Karl W e l l e r in Oberweis, und des Besitzes des jüdischen Komponisten Wolfgang Erich K o r n g o l d in St. Konrad, Höselberg, beide bei Gmunden, verfügt.

22 Am 31. Mai 1938 meldet das Salzburger Volksblatt die »Beschlagnahme« von Schloss Höselberg.

gold-Liegenschaft Schloss und Gut Höselberg wurde jedoch beschlagnahmt, und ein jahrelanges Tauziehen begann um seine Nutzung durch die »Deutsche Ansiedlungsgesellschaft« und Nazi-Günstlinge. Ab 1945 waren viele Flüchtlinge in Schloss Höselberg einquartiert. Die rechtmäßigen Eigentümer strengten unverzüglich nach Kriegsende ein Rückstellungsverfahren an, dessen Abwicklung sich aber bis 1949 hinzog. Als Erich und Luzi im selben Jahr ihren geliebten Sommersitz bald nach seiner endgültigen Restitution wiedersahen, war der Anblick von Schloss Höselberg nach mehr als elf Jahren in seinem jetzigen verwahrlosten Zustand desillusionierend. Da ihr Besitz außerdem noch immer zahlreichen »Mietern« als Not- und Behelfsquartier diente, war für die Familie an eine Rückkehr auf den Höselberg nicht zu denken. Ein vom Gmundner Notar in Korngolds Auftrag eingesetzter Verwalter – ausgerechnet ein ehemaliger Gestapobeamter, der zwar im US-amerikanischen »Entnazifizierungslager« in Salzburg-Glasenbach in Haft gewesen war, aber (für ihn) verständlicherweise nicht in die sowjetische Besatzungszone bzw. zurück nach Wien wollte – bemühte sich offenbar (nach dem Briefwechsel zu schließen) engagiert für die zunächst in Wien und dann wieder in Kalifornien lebenden Eigentümer vor Ort nach dem Rechten zu sehen. Erich und Luzi Korngold trennten sich erst 1955, nach einem letzten Abschiednehmen, von Schloss Höselberg und verkauften das Anwesen an die Gemeinde Gschwandt.

Seit Sommer 1997 ziert eine künstlerisch ansprechend gestaltete Gedenktafel das längst renovierte und wieder in Privatbesitz befindliche Schloss Höselberg. Charakteristischerweise weist die anlässlich der 100. Wiederkehr des Geburtstages des Komponisten angebrachte

23 Die Gestalter Dr. Kurt Arrer (l.) und Bildhauer Roland Kraml vor der Korngold-Gedenktafel auf Schloss Höselberg, 1997.

Tafel auf den Anfang von Mariettas nie völlig in Vergessenheit geratenem Lautenlied »Glück, das mir verblieb« und auch auf die an diesem Ort entstandene Oper »Die Kathrin« hin. Zur Enthüllung der Korngold-Tafel wurde in der Volksschule Gschwandt vom Verfasser dieses Beitrags eine kleine Gedenkausstellung gestaltet. Sie wurde mit einem Einführungsvortrag von Prof. Helga Schiff-Riemann und einem Kammermusikkonzert (natürlich mit Werken des Komponisten von Schloss Höselberg) eröffnet.

Im Sommer 2004 kam Erich Wolfgang und Luzi Korngolds Enkelin Kathrin (!) mit ihrer Familie aus den USA nach Salzburg, als Ehrengast der Festspiele, die rund um die erstmalige Aufführung der »Toten Stadt« einen markanten Korngold-Programmschwerpunkt setzten. Die Höselberg-Gemeinde Gschwandt nützte diese Gelegenheit und lud Kathrin Korngold Hubbard, ihren Ehemann und ihre zwei Kinder zu einem Empfang ein. Kathrin (Katy) hielt sich erstmals im Schloss

Höselberg auf, griff als professionelle Musikerin selbst zur Geige, ließ sich interviewen, vor der Gedenktafel ihres berühmten Großvaters fotografieren und konnte ihre Rührung kaum verbergen.

An diesem wunderschönen Sommertag in der herrlichen Landschaft des Salzkammerguts konnte man gut nachvollziehen, was Erich Wolfgang Korngold immer wieder in diese Region der Sommerfrische, an diesen besonderen Platz gezogen und zum Schaffen inspiriert hatte.

Verwendete Literatur

Fischer, Brigitte B., Sie schrieben mir oder was aus meinem Poesiealbum wurde. Zürich 1978 (München 1981).

Korngold. Julius, Die Korngolds in Wien. Der Musikkritiker und das Wunderkind – Aufzeichnungen von Julius Korngold. Zürich/St. Gallen 1991.

Korngold, Luzi, Erich Wolfgang Korngold. Ein Lebensbild. Österreichische Komponisten des 20. Jahrhunderts, Band 10. Wien 1967.

Mahler-Werfel, Alma, Mein Leben. Frankfurt am Main 1960.

Malina, Lis (Hg.), Dear Papa, how is you? Erich Wolfgang Korngolds Leben in Briefen. Wien 2017.

Schnitzler, Arthur, Tagebücher 1910 ff. Herausgegeben vom Verlag der Österreichischen Akademie der Wissenschaften. Wien 2000.

Schwarz, Hermine, Ignaz Brüll und sein Freundeskreis. Mit einem Vorwort von Felix Salten. Wien u. a. 1922

Anmerkung

Sehr hilfreich war für den Verfasser die Korrespondenz mit dem Hamburger Korngold-Archivar Bernd O. Rachold über viele Jahre. Für seine Expertise sei ihm an dieser Stelle ausdrücklich gedankt. Die eigene Materialsammlung des Verfassers befindet sich inzwischen zum großen Teil im Exilarte Zentrum der Musikuniversität Wien.

»... im Geist ihres Schöpfers und mit zeitgemäßer Wirkung ...«

Erich Wolfgang Korngold und die Operette
von Gottfried Franz Kasparek

»Eigentlich bin ich ein Feind aller Bearbeitungen«, so Erich Wolfgang Korngold:

> Ich kann ja als selbstschaffender Künstler gar keinen anderen Standpunkt einnehmen, habe ich doch auch, als meine ›Tote Stadt‹ mit der Jeritza in Amerika zur Aufführung gelangte, gegen alle Striche und Verstümmelungsversuche auf das schärfste protestiert; allerdings hat es nichts genützt. Es ist nun freilich ein Unterschied, ob man daran denkt, ein anerkanntes, unantastbares Werk der Opernliteratur zu bearbeiten, oder ob es sich darum handelt, Operetten, die ja doch mehr oder weniger für den Tag geschrieben waren, zu modernisieren und dem heutigen Publikumsgeschmack näherzubringen. Aber eines ist sicherlich allen Werken gemeinsam: der Wille ihres Schöpfers, ihnen diese und keine andere Gestalt zu geben.

Zweimal hat Korngold allerdings Ausnahmen von dieser sich selbst auferlegten Regel gemacht. Im Jahr 1931 richtete er in Berlin gemeinsam mit dem Dirigenten und Komponisten Leo Blech Jacques Offenbachs »Hoffmanns Erzählungen« für Max Reinhardt neu ein. Dabei handelt es sich zwar eindeutig um eine Oper, aber um eine, die nur als Sammlung genialer Fragmente überliefert ist. Und 1939 gestaltete er eine Art Rossini-Pasticcio, wiederum für Reinhardt, doch nun im Exil in Los Angeles. Ansonsten bearbeitete er tatsächlich »nur« Operetten, insbesondere solche von Johann Strauss (Sohn).

Im Hause Korngold wurde die Operette viel geringer geschätzt als die Oper, obwohl der gestrenge Vater Julius den Werken der Strauss-Dynastie einen besonderen Rang einräumte. Den »Walzerkönig« bezeichnete er in seinen Memoiren sogar als »weltbeglückendes Genie«, womit er nicht nur die Taten seines Sohnes, die auch »eine junge Ehe materiell stützen sollten«, verteidigte. Julius Korngold, der Nachfolger des mit Strauss befreundeten Eduard Hanslick in der Neuen Freien Presse, begab sich als leitender Kritiker allerdings kaum in die populären Niederungen der Operette, sondern schickte zu solchen Premieren fast immer junge Mitarbeiter. Immerhin kann man seinen Schriften entnehmen, dass er mit Franz Lehár privat sehr wohlwollend verkehrte und zumindest dessen melodische Ausnahmebegabung und Instrumentationskunst gelten ließ. Seine Kritik richtete sich ja vor allem gegen die Libretti. In musikalischer Hinsicht hatte er daneben ein Faible für die pfiffige Kunst Leo Falls. Vorlieben, die sich in den von seinem Sohn arrangierten Werken spiegelten. Dass Lehár nicht dabei war, hat wohl mit dessen kunstvoller Kompositionstechnik zu tun, die keiner Ergänzungen bedurfte; außerdem bearbeitete er die Schmerzenskinder seiner Muse lieber selbst. Und Fall, auf den dies ebenfalls zutrifft? Nun, wir werden sehen, dass es da vor allem um eine Hinterlassenschaft ging.

Neue Kleider für alte Geschichten

In den frühen 20er Jahren gab es in Wien eine lebhafte Pressediskussion über die Lebensfähigkeit der Operetten aus dem 19. Jahrhundert. Von einer »goldenen« und einer »silbernen« Operette war damals noch nicht die Rede, diese fragwürdigen Begriffe wurden erst von der nationalsozialistisch beeinflussten Musikwissenschaft ins Spiel gebracht. Es ging auch kaum um Werturteile, sondern nur darum, wie man die mit so vielen wunderbaren Melodien und prallen Theaterfiguren gesegneten Werke von Strauss, Millöcker, Suppè und anderen dem aktuellen Publikum, welches sich mehr am Orchesterzauber der Spätromantik und des Impressionismus, am Swing und an der Revue orientierte als am guten alten Walzer, näherbringen könnte. Eine nicht unwesentliche Rolle spielte dabei die umtriebige Witwe Johanns, Adele Strauss, welche die weniger gespielten, aber musikalisch wertvollen Stücke ihres Mannes neu beleben wollte. Die gescheite und lebenstüchtige Frau gehörte zum Freundeskreis der Korngolds. Am Beginn von Erich Wolfgangs Bearbeitertätigkeit stand jedoch eigentlich eine Verpflichtung als Dirigent, wie er sich später erinnerte:

> Als ich 1923 als Dirigent der »Nacht in Venedig« ans Theater an der Wien verpflichtet worden war, hatte ich nur ein Ziel vor Augen: die Operette so gut als möglich, im Geist ihres Schöpfers und mit zeitgemäßer Wirkung aufzuführen. Nur in dieser Absicht begann ich an der Instrumentation zu feilen, den Klang pikanter zu gestalten, habe ich schwache Musikstücke entfernt und durch stärkere Strauß-Musik ersetzt, habe ich aus einer kleinen Tenorpartie eine richtige Richard-Tauber-Partie geschaffen, Einfluss auf Buch und Szene genommen – und bei der Premiere war plötzlich eine regelrechte Neufassung da, die seither über hundert Bühnen gegangen ist, in die Opernhäuser von Berlin, Wien, Frankfurt, Monte Carlo und Köln einzog und den Auftakt zu einer förmlichen Johann-Strauß-Renaissance gebildet hat. [Anm. des Verfassers: Korngold schrieb natürlich Strauß wie alle seine Zeitgenossen. Da diese Schreibweise auf einem Irrtum beruht, hat sich die Wissenschaft auf Wunsch der Familie mittlerweile auf die originale Version Strauss geeinigt.]

24 Schallplatten-
etikett von 1924.

Die Premiere am 25. Oktober 1923 war ein Triumph für Korngold, der die Partitur mit klanglichem Raffinement versehen hatte. Da ist allerdings Vorsicht geboten, denn das von etlichen Kritikern als Neuerung hervorgehobene Glockenspiel gab es, siehe die Recherchen von Volker Klotz, schon in den originalen Orchesterstimmen von 1883, wie auch eine Harfe und reich besetztes Schlagzeug. Korngold hat diese Instrumente nur vermehrt eingesetzt. Wenn ihm Klotz und andere Strauss-Puristen allerdings »Verdickung« der Partitur bei gleichzeitiger »Verwässerung« des Stücks vorwerfen, erscheint dies ebenso seltsam. Denn Korngold und der legendäre Theaterdirektor, Textbearbeiter und erste Darsteller des Caramello in dieser Fassung, Hubert Marischka, haben aus einem seit der skandalumwitterten Berliner Uraufführung nur mäßig erfolgreichen Werk einen echten »Schlager« und ein Repertoirestück gemacht. Was nicht unbedingt etwas über die Qualität aussagt. Doch ist der Befund nicht bloß, was verklärte Erinnerungen betrifft, positiv. In einer Neuaufnahme der Korngold-Fassung aus der Grazer Oper von 2018 klingt das Orchester unter der Leitung von Marius Burkert transparent, klanglich ausgewogen und mitunter fast offenbachisch frech, bleibt aber im Grunde einem erweiterten Strauss-Ideal treu. Dass der Handlung Verworrenheit unterstellt wurde, erschien dem Schreiber dieser Zeilen immer schon sonderbar. Eine Karnevalsnacht in Venedig voller erotischer Abenteuer, Irrungen und Wirrungen folgt eben nicht den Gesetzen eines logisch aufgebauten Theaterstücks.

Korngolds auch die Handlung belebender Trick war es, aus der unterbelichteten Figur des Herzogs eine Hauptrolle für den Jahrhunderttenor Richard Tauber zu machen – im Prinzip durch zwei eingelegte Tenorarien. Die erste, »Sei mir gegrüßt, du holdes Venezia«, entstammt der wohl wirklich unrettbaren Strauss-Operette »Simplicius« (1887), die zweite, das pointierte Geständnis »Treu sein, das liegt mir nicht«, klingt, als wäre es exakt auf diesen Text komponiert, ist aber eine verkürzte Version eines Liedes der Annina aus dem ersten Akt, »Was mir der Zufall bringt«. Letzteres strich Korngold, heute wird es meist auch innerhalb der Korngold-Fassung wieder gespielt, was eine interessante Parallelität zwischen den beiden selbstbewussten Personen sehr unterschiedlichen Standes, einem Fischermädchen und einem Herzog, zu Tage bringt. Beide bevorzugen ein freies (Liebes-)Leben. Es ist nun an den Bühnen üblich geworden, auf den Spuren Walter Felsensteins wieder auf das Original zurückzugreifen. Allerdings erwartet das Publikum einen gestandenen Tenor, der seine beiden Glanznummern singt, weswegen diese meist eingefügt werden. Apropos Tenor – in manchen Publikationen ist zu lesen, Richard Tauber habe damals seine erste Operettenpartie übernommen. In Wahrheit hatte Tauber bereits 1920 in Berlin einen großen Erfolg als Jószi in Franz Lehárs »Zigeunerliebe« gefeiert, in einem Stück freilich, das zwischen den Gattungen Oper und Operette changiert. Doch was schrieb die Neue Freie Presse nach der Premiere der Korngold-Fassung von »Eine Nacht in Venedig« 1929 in der Wiener Staatsoper, ohne Tauber, aber mit Maria Jeritza? »Muss die Frage der Opernfähigkeit eines Johann Straußschen Werkes überhaupt noch aufgeworfen werden? Der Musik nach ist jedes dieser Werke dem besten der heiteren Opernliteratur ebenbürtig.«

Im Gegensatz zur »Nacht in Venedig« wurden die folgenden von Korngold neu gefassten Strauss-Operetten keine dauerhaften Erfolge. »Cagliostro in Wien«, 1875 bejubelt, aber bald vergessen, fand 1927 in Korngolds Arrangement und Ludwig Herzers Textfassung nur be-

25 »Cagliostro in Wien«: Ida Rußka, Jakob Feldhammer und Margarete Slezak bei der Premiere im Wiener Bürgertheater (»Das interessante Blatt« vom 21. April 1927).

grenzte Zustimmung, trotz der farbenfroh und um Nummern aus »Karneval in Rom« und »Blindekuh« angereicherten Partitur. Dann wurde der Theaterzauberer Max Reinhardt bedeutsam für Korngolds Leben. Dass die Neufassung der »Fledermaus« (Berlin 1929) ohne Reinhardts grandiose Regie vor dem Original rasch verblasste, ist leicht erklärbar, denn es gibt kaum eine perfektere Operette als diese. Sie bedarf keiner Bearbeitung und ist in ihrer Urform längst ins Opernrepertoire eingegangen. Auch die amerikanische Version davon (»Rosalinda«, New York 1942) blieb an Reinhardt gebunden und nach dessen Tod nur eine vorübergegangene Episode in der Theatergeschichte. Der Vollständigkeit halber sei hier erwähnt, dass Korngold auch Offenbachs geniale Travestie-Operette, eigentlich Buffo-Oper, »Die schöne Helena« für Reinhardts Bühne gleich zweimal bearbeitete – 1931 in Berlin mit prominenten Textern, Egon Friedell und Hanns Sassmann, mit der Opernsängerin und späteren ersten »Guiditta«

Jarmila Novotná als Helena und Hans Moser als Menelaos, und 1944 in New York als »Helen Goes To Troy« mit Gottfried Reinhardt, dem Sohn des Regisseurs, als Librettisten. Diesen Revue-Fassungen hat man schon damals eine »Versüßlichung« von Offenbachs elegant karikierender Musik vorgeworfen; dennoch wären die erhaltenen Partituren einmal eine nähere Beschäftigung wert.

Familiengeschichten aus dem Hause Strauss wurden in Marischkas Pasticcio-Operette »Walzer aus Wien« 1930 im Theater an der Wien von Korngold geschickt mit echten Strauss-Melodien versehen. Auch ein Kollege aus der Welt der Oper, der heute zu Unrecht fast vergessene Julius Bittner, war daran beteiligt. Die Sache kam gut an, erwies sich aber nicht als dauerhaft. Dass die einst von Vater Julius angeführten »materiellen Gründe« auch in reifen Jahren eine Rolle spielen, könnte eine Entschuldigung für ein auf »Walzer aus Wien« beruhendes, kurioses Machwerk mit großer Musik sein, »The Great Waltz« (Los Angeles 1949). In den USA sorgte das musicalartige Stück viele Jahre auf Tourneen im Mittelwesten für Begeisterung. Dazu ein Zeitzeuge und bekennender Strauss- und Korngold-Fan, der unvergessliche Marcel Prawy: »Auf einem amerikanischen Theaterzettel nimmt die Liste der Bearbeiter und Verballhorner jeweils viele Zeilen ein. Man muss es erlebt haben, wenn der Vater Strauß zum Gondellied aus der ›Nacht in Venedig‹ auftritt und sich mit seinem Sohn zur Melodie von ›Wer uns getraut‹ zankt.« Im Finale dirigiert Vater Strauss auch noch 18 Jahre nach seinem Tod die Uraufführung des Donauwalzers.

Ein Liebeslied für Richard

Doch etwas ernster zu nehmen ist »Das Lied der Liebe«, uraufgeführt 1931 in Berlin. Dahinter steckte Adele Strauss, welche auch »Das Spitzentuch der Königin« (1880) für die moderne Operettenbühne retten wollte. Das Original, mehr eine komische Oper, spielt im 16. Jahrhundert in Portugal im Umkreis des Dichters Cervantes. Es wurde vor einigen Jahren von der Staatsoperette Dresden mit schönem Erfolg ausgegraben und auf CD veröffentlicht. Korngold zögerte den Auftrag

26 Richard Tauber als Graf Auerspach in Korngolds Strauss-Melange »Das Lied der Liebe« 1931 in Berlin.

der Witwe Strauss aus dem Jahr 1925 wegen der Arbeit an seiner Oper »Das Wunder der Heliane« lange hinaus. Was dann zu Weihnachten 1931 im Berliner Metropol-Theater mit Richard Tauber in der Hauptrolle auf die Bühne kam und von 17 Bühnen nachgespielt wurde, hatte mit der Vorlage nicht mehr viel zu tun. Die Handlung, verantwortet von Ludwig Herzer, ist eine völlig andere – eine verwickelte Liebesgeschichte aus Altösterreich, typisch für viele Nostalgie-Operetten der Spätzeit, aber ohne die dramaturgischen Qualitäten etwa von Emmerich Kálmáns »Gräfin Mariza«. Korngold verwendete zwar viele Melodien aus dem »Spitzentuch«, verwandelte sie jedoch viel mehr in eigene Harmonien und lyrisch-sinnliche Klangmischungen, als er dies in der »Nacht in Venedig« getan hatte. Tauber musste natürlich ein Tauber-Lied haben und er bekam eines – und in der Tat klingt der Schlager »Du bist mein Traum« eher nach der Operette »Der singende Traum«, einer Lehár nachfolgenden Eigenkomposition des Sängers, als nach Johann Strauss. Der Liebestraum des Offiziers-Schwerenöters Richard (!) von Auerspach beginnt um 1910 in einer Garnisonsstadt, führt in einem Wiener Palais zum üblichen Zerwürfnis der Liebenden am Ende des zweiten Akts und findet ein hoffentlich glückliches Ende auf einem ungarischen Gutshof mit einer glanzvollen Hochzeit der versöhnten Liebenden. Die Wiederauferstehung des vergnüglichen Stücks fand 2018 in der Musikalischen Komödie Leipzig statt und ist auf CD dokumentiert.

»Verkorngoldungen« von Fall zu Fall

Zitieren wir wieder einmal Korngold original:

> Die Musik ist durchaus von Leo Fall. Ich betone dies darum ausdrücklich, weil ich erst dadurch die Möglichkeit hatte, meiner Begeisterung für diese wunderbare Komposition freien Lauf zu lassen. Das Werk steht auf der Linie, die von der Opera comique zu Offenbach, Johann Strauss und dann weiter führt.

Liest man das zweimal, könnte man vermuten, dass der »freie Lauf« den Bearbeiter doch zu Eigenem geführt hat.

Leo Fall, laut Stefan Frey »der spöttische Rebell der Operette«, war 1925 erst 52-jährig über den ersten Skizzen zu einer Operette mit dem Arbeitstitel »Irina« über russische Emigranten in den USA gestorben. Hubert Marischka wollte das Fragment aufführungsreif machen. Korngold hatte acht noch nicht harmonisierte Entwürfe zu Liedern zur Verfügung und bekam von Falls Witwe Bertha außerdem drei Skizzenbücher des Verstorbenen. Auch wenn wir ihm glauben, dass das melodische Material der »Rosen aus Florida« (Wien 1929) auf Fall zurückgeht, klingen vor allem die ernsten Nummern verdächtig nach typisch Korngold'schem Edel-Sentiment und weniger nach der sensiblen, gleichsam ironisch untermalten Melancholie des eigenwilligen Komponisten der »Dollarprinzessin« und der »Madame Pompadour«. Falls mitreißend akzentuierte Rhythmik, die einfach und raffiniert

27 Probenpause bei »Rosen aus Florida« im Februar 1929: Korngold, Rita Georg, Ossi Oswalda und Hubert Marischka (v.l.; »Die Bühne« Nr. 224).

gleichzeitig sein kann, belebt allerdings die Buffonummern. An dieser Stelle muss erwähnt werden, dass Korngold für die Arrangements einen Helfer und Orchester-Spezialisten beschäftigte. Der Wiener Franz Kopriva (1892 – 1943) war der ständige Mitarbeiter Kálmáns und war auch schon bei den Strauss-Bearbeitungen beteiligt gewesen. Diese Tatsache schmälert nicht die Leistung Korngolds, sondern beweist nur, dass das musikalische Unterhaltungstheater nicht erst am Broadway meist in einer Werkstattatmosphäre entstanden ist. In Fällen wie Lehár, Fall und Korngold waren Fachleute wie Kopriva freilich in der Hauptsache mit der Erstellung von Stimmen und Bearbeitungen für Salonorchester betraut. Außerdem arbeitete Korngold hier wohl erstmals mit fetzigen Foxtrotts und Charlestons, die zum Beispiel spezielle Spieltechniken am Saxofon benötigten.

28 Impressionen der Uraufführung von »Rosen aus Florida« 1929, im Uhrzeigersinn: oben Leo Fall, Hans Moser, Fritz Imhoff, Dela Lipinskaja, Korngold, Rita Georg und Hubert Marischka, im Zentrum: Fritz Steiner und Ossi Oswalda.

Der alte Korngold betrachtete »Rosen aus Florida« mit Argusaugen – bei aller Liebe zu Fall missfiel ihm nämlich der Jazz. Dennoch beauftragte er seinen Redaktionskollegen Josef Reitler mit der Rezension, über die er sich sicher auch gefreut hat. Der erklärte das Stück für eine von Falls besten Operetten und pries die »wundervoll zarte Instrumentation«. Marischka selbst glänzte als amerikanischer Milliardär, Rita Georg als dessen Hausdame, die eigentlich eine russische Prinzessin ist, und Hans Moser als Dritter-Akt-Komiker. Kenner und Liebhaberinnen der Operette wissen nun, um was es geht – am Ende landen Milliardär und Prinzessin im Hafen der Ehe. Erich Wolfgang dirigierte, spielte aber auch das Klavier, für welches er oft Duette mit einem guten Freund, dem virtuosen Saxofonisten Charly Gaudriot, dazu komponiert hatte. Das war derselbe Gaudriot, den viele von uns noch als Tanzkapellmeister des Österreichischen Rundfunks in Erinnerung haben. Er war ein echter Wiener, hieß eigentlich Karl Gaudriczek, lebte von 1895 bis 1978 und war in seinem langen aktiven Musikerleben Klarinettist bei den Wiener Philharmonikern, Jazzbandleader und Komponist von Schlagern, Wienerliedern und Filmmusik. Auch wegen dieser Einlagen, bei denen die beiden Musikanten mitunter frei improvisierten, war »Rosen aus Florida« ein großer Erfolg und wurde bis 1938 viel nachgespielt. Ein anderer Kritiker, Julius Bistron, bezeichnete Korngold als den »hinreißendsten Barpianisten Wiens« und resümierte: »Unverfälschter Leo Fall, von der Hand seines genialen Nachschöpfers feuerfest verkorngoldet.« Da die von Korngold verwendeten Skizzen Falls verschollen sind, lässt sich der Originalgehalt der »Verkorngoldung« nicht feststellen. Auch in diesem Fall ist der Musikalischen Komödie Leipzig für eine gelungene Wiederaufführung und Einspielung (2019) zu danken. Warum österreichische Bühnen solche Kostbarkeiten beharrlich ignorieren, ist schwer zu verstehen.

»Die geschiedene Frau« (1907) zählt zu Leo Falls vollendeten Meisterwerken und hat keinerlei Bearbeitungen nötig, wie erst jüngst eine Produktion der Bühne Baden bewiesen hat. Trotzdem kam es zu einer Neufassung durch Korngold, die am 1. Februar 1933, zwei Tage nach Hitlers Machtergreifung, noch in Berlin eine durchaus beachtete Uraufführung erlebte. Korngold stand sogar noch bis zum 16. Februar am Dirigentenpult und erst am 3. März musste das von Künstlern jüdischer Abstammung geschaffene und großteils auch interpretierte Werk abgesetzt werden. Das Orchestermaterial ging in den Wirren des Kriegs verloren. Erhalten blieben lediglich zwei Schellackplatten mit einem Tangolied des Tenors, zwei Duetten und einer Sopranarie. Der Tenor Harold von Oppenheim war der Sohn eines jüdischen Frankfurter Bankiers, wurde zunächst als Protektionskind verdächtigt und verblüffte dann alle mit seiner gepflegten Stimmkultur. Adolf Wohlbrück spielte den Gerichtspräsidenten, Lucie Mannheim die Gonda. Allen dreien gelang rechtzeitig die Flucht vor dem Naziterror.

Leider sind die Schellacks (noch) nicht auf YouTube gelandet. Die »Dacapo-Strophe« des von Korngold eingefügten »Filmchanson« berührt vor dem historischen Hintergrund eigenartig: »Ach wenn das nur nicht ganz so, ganz so, ganz so sehr zum Weinen wär, dann wärs zum Lachen.«

Und eine echte Korngold-Operette!

Es gibt sie, die echte Korngold-Operette, obwohl sie als Musikalische Komödie oder sogar als Oper bezeichnet wurde. Es handelt sich dabei um ein Stück, das ursprünglich in englischer Sprache für den Broadway konzipiert wurde. Das Libretto stammt von Victor Clement, 1901 in Budapest geboren, später amerikanischer Staatsbürger. Heute fast völlig vergessen, war er von den 30er bis in die 60er Jahre ein auch auf deutschen Bühnen viel gespielter Erfolgsautor. Zum Beispiel brillierte Heinz Erhardt in Clements Komödie »Der Vizekönig«. Aus der Broadway-Produktion wurde nichts, warum auch immer, also übertrug Raoul Auernheimer den Text ins Deutsche, wobei sich Korngold selbst um die Liedtexte kümmerte. Im März 1951 spielte der Komponist am Dirigentenpult das Werk mit einem zehnköpfigen Kammerorchester (zwei Klaviere mit Celesta, zwei Violinen, zwei Celli, Flöte, Klarinette, zwei Schlagzeuger) für den Österreichischen Rundfunk ein. Es gibt acht Rollen für auch singende und acht für bloß sprechende Menschen. Es sangen damals die Hauptrollen Hilde Ceska, Rosl Schwaiger, der als Operettentenor ebenso wie als Burgschauspieler gefeierte Fred Liewehr, Kurt Preger und Franz Böheim, es spielten in wichtigen Rollen Susi Witt und Egon Jordan. Dieses kostbare Tondokument ist auf CD erhältlich. Die Uraufführung der »Stummen Serenade« fand am 10. November 1954 am Opernhaus Dortmund statt. Das Publikum reagierte begeistert, Nummern wie »Luise, Luise, du hast etwas« wurden über Nacht Schlager im Ruhrpott. Doch leider vernichtete das an vielen Untergängen schuldige deutsche Musikfeuilleton das Stück nach allen Regeln seiner zweifelhaften Kunst. Eine melodienselige Operette eines als hoffnungslos altmodisch verschrienen Komponisten hatte damals keine Chance. So versank Korngolds letztes Bühnenwerk in den Schubladen des Verlags, aus denen es erst 2007 für eine Aufführung mit Studierenden anlässlich eines Gedenkens über in der Nazizeit verbotene Kunst im Münchner Haus der Kunst wieder auftauchte. Es folgten Produktionen von freien Gruppen und Musikschulen in St. Gallen, Freiburg im Breisgau und Arnhem – und endlich, in einer verstärkten Orchesterbesetzung, 2017 im Landestheater Coburg, welches dafür den Operettenpreis des Bayrischen Rundfunks erhielt. Warum schläfst du, Österreich? Heimat, bist du großer Söhne, die du so gern vergisst ...

Erich Wolfgang Korngold hat mit der »Stummen Serenade« eine der allerletzten wertvollen Operetten im klassischen Sinn geschrieben. Dabei ging er mit der Form frei um. Die Handlung, welche eine turbulente Liebesaffäre zwischen einer Schauspielerin und einem Modeschöpfer in einem fantastisch korrupten neapolitanischen Operettenstaat mit oft skurrilem Witz, direkt anspringender Laune und der dazu gehörigen Prise Sentiment erzählt, ist auf zwei Akte konzentriert, in denen allerdings alles vorkommt, was eine gute Operette auszeichnet: fein gestrickte lyrische Arien und Duette, effektvoll rhythmisierte Buffonummern, emotional aufgeladene Finali. Dass Korngolds musikantischer Humor nicht die Schärfe eines Offenbach oder die Hintergründigkeit eines Fall erreicht, sondern immer quasi in der Hinterhand Poesie vermittelt, gibt dem Ganzen originellen Glanz – einen Glanz des Abschieds von einer liebenswerten Kunstform, die man im Opernmuseum nur sorgsam präsentieren muss, um ihr neues Leben zu verleihen.

Verwendete Literatur

Frey, Stefan (unter Mitarbeit von Christine Stemprok und Wolfgang Dosch), Leo Fall. Spöttischer Rebell der Operette. Wien 2010.
Geltinger, Christian/Rachold, Bernd, Korngold und die Operette. Im Booklet zu »Das Lied der Liebe«. Leipzig 2018.

Klotz, Volker, Operette, Porträt und Handbuch einer unerhörten Kunst. München 1991.
Die Korngolds in Wien, Aufzeichnungen von Julius Korngold. Zürich 1991.
Krispin, Bernd, Booklet zu »Eine Nacht in Venedig«. Georgsmarienhütte 2018.
Prawy, Marcel, Johann Strauss. Wien 1991.
Stockinger, Heide/Garrels, Kai-Uwe, Tauber, mein Tauber. Weitra 2017.
https://de.wikipedia.org/wiki/Die_stumme_Serenade (letzter Zugriff: 08.02.2022).

Von Höselberg nach Hollywood

Exil in der Filmmetropole Los Angeles
von Karin Wagner

»Wo ist mein Heim, mein Haus?«

Am Ufer wandernd in des Morgens Licht
Das zu der Seele tiefsten Träumen spricht
Ländliches Fest in trauter Freunde Reih'n:
Nun lasst uns sorgvergessend fröhlich sein![1]

Diese Gedichtzeilen setzte die Linzer Komponistin und Schriftstellerin Hedda Wagner ihrem 1934 in Erinnerung an einen Traunsee-Ausflug komponierten Klaviertrio »Gmunden« voran. Das oberösterreichische Städtchen Gmunden am Traunsee, weiter gefasst das gesamte Salzkammergut, ließ über Epochen hinweg stadtflüchtige Künstlerinnen und Künstler »sorgvergessend fröhlich sein«. Eine Gegend, in welcher die Muse gerne küsst und dann und wann auch das »Glück vor der Tür« steht. Neben Operettenkomponisten wie Ralph Benatzky, Franz Lehár oder Robert Stolz waren etwa Leopold Mozart, Franz Schubert, Johannes Brahms, Gustav Mahler oder Arnold Schönberg von dieser Landschaft berührt. Auch Erich Wolfgang Korngold liebte das Seen- und Gebirgsszenario. Mit Korngolds Ausgrenzung vom nationalsozialistischen Kulturbetrieb in Deutschland und vor dem Hintergrund der Agitationen des Austrofaschismus bis hin zum »Anschluss« Österreichs 1938 wurde der Familie Korngold ein Anwesen nahe Gmunden zum Herzensort. Luzi Korngold erinnerte sich an den ersten Eindruck von Gut Höselberg in Gschwandt bei Gmunden:

> Es war spät am Nachmittag und bereits dunkel, als wir den ziemlich steilen Aufstieg, der durch ein Wäldchen führte, unternahmen. Als wir aus der Lichtung traten, lag auf dem Gipfel des Hügels das Gebäude vor uns: kein Schloß, sondern ein uralter, bezaubernd schöner, langgestreckter Bauernhof, auf dem ein vormaliger Besitzer, Fürst Sulkowski, an einer Seite ein Stockwerk samt kleinem Türmchen aufgebaut hatte.[2]

Im Februar 1933 kauften Erich und Luzi das »Gut im Höselberg« samt umliegender Grundstücke, dazugehöriger Hühnerfarm mit Brutmaschinen und Innenmobiliar.[3] Die Einrichtung wurde um liebevoll zusammengetragene Stücke ergänzt, ein Ensemble an Bauernstühlen mit Tisch sowie »alte geschnitzte oder bemalte Betten, Truhen und Schränke«[4] sorgten für ländliches Kolorit.

Eng mit Höselberg verbunden ist Korngolds letzte Oper »Die Kathrin«: Denn vornehmlich hier entstand das 1937 vollendete Werk, welches mit Volkslied- und Operettentönen aufwartet und mit modischer »Jazziness« kokettiert. Der deutsche Musikverlag Schott wollte eine zeitgemäße, finanziell ertragreiche Oper: »[…] keine Jazz-Operette natürlich, sondern eine im höheren Sinne, leicht und aufgelockert, die Dialoge zum Teil nur rezitativisch, kleines Orchester usw.«[5] Korngold lieferte – jedoch nicht an Schott, sondern an den Wiener Verlag Josef Weinberger. Heinrich Eduard Jacobs Roman »Die Magd von Aachen« (1931) diente der »Kathrin« als Vorlage. Jacobs Geschichte kreist um die Romanze eines deutschen Dienstmädchens mit einem französischen Besatzungssoldaten, den größeren Rahmen bildet die Versöhnung der im Ersten Weltkrieg einander feindlich gegenüberstehenden Herkunftsnationen der beiden Liebenden. Ernst Décsey erstellte das

29 Korngold in seinem Wiener Arbeitszimmer (»Radio Wien« vom 22. Oktober 1937).

Libretto. Der Schott Verlag lehnte rigoros ab. Die Verbindung eines deutschen Mädchens zu einem französischen Soldaten und die Idee der Verbrüderung Frankreichs mit Deutschland hatten auf einer Bühne unter Hitler nichts verloren. Willy Strecker, der Repräsentant des Verlags, schrieb am 24. August 1933 an Korngold:

> Im heutigen Deutschland ist dieser Stoff völlig unmöglich und ich bin bestürzt, dass Sie hieran nicht von selbst denken [...]. Ist Ihnen nicht bekannt, dass die Theater nahezu restlos, mindestens aber die wesentlichen Bühnen mit nationalsozialistischen Leitern besetzt sind?[6]

Korngold instruierte daraufhin den Librettisten Décsey zu einer weiteren Version. In der »entpolitisierten« und »neutralen« Fassung betritt Kathrin als Schweizerin die Szene, ihr Liebhaber François, seines

Zeichens Musiker, ist gerade dabei, den Militärdienst zu absolvieren. Die in das Jahr 1930 transferierte Handlung erschien nun operettenhafter und um einige Kanten geglättet. Hitlers Machtergreifung im Jänner 1933 verbannte Korngold von den deutschen Bühnen. Diffamierungen untermauerten seine Ausgrenzung vom nationalsozialistischen Kulturbetrieb, sie waren Deutschlands Vorboten zur späteren Diktion im dann bereits ehemaligen Österreich. So hetzte der deutsche Musikkritiker Walter Abendroth in der gleichgeschalteten Zeitschrift »Die Musik« im März 1936 mit dem Text »Opernideale der Rassen und Völker« gegen jüdische Opernkomponisten und diskreditierte Korngold zu einem »Aneignungstalent«, das dem deutschen Publikum mit »Rücksichtslosigkeit« »aufgedrängt wurde«[7]. Abendroth setzte Korngolds Erfolge in Hamburg als zum Zustand »ausgesprochene[r] Korngold-Vergötterung« herab und hob die von ihm so bezeichnete »Opernartistik jüdischen Geistes« als Übel hervor, das dem Streben nach »reine[m]«, »starke[m]« und »strenge[m]« »deutsche[n] Opernideal« im Wege stünde.[8] Die dem Ursprungsstoff der »Kathrin« immanente nationalpolitische Dimension war eine Diskussionslinie zur Oper, die zweite, sich an ihr und an Korngolds Gesamtwerk entzündende, war Teil der katastrophalen »Säuberungen« des gesamten deutschen Kunstlebens von allem Jüdischen und Unliebsamen. Am 23. September 1933 schrieb Korngold an Willy Strecker:

> So will ich zunächst versuchen, mich vorerst mit Dr. Décsey zu einigen und sodann das »beschnittene« oder vielmehr wieder »unbeschnittene« (um Missverständnisse zu vermeiden: entjudete) Szenarium der Wiener Oper vorzulegen.[9]

Vertraglich stimmte die Wiener Staatsoper einer Uraufführung der »Kathrin« bis spätestens März 1938 zu, die Besetzungspläne nannten Jarmila Novotná, Richard Tauber und Bruno Walter. Letztgenannter war im Jahr 1937 zu Gast auf Höselberg und von der Idee entbrannt, die »Kathrin« bis spätestens 1938 selbst zu dirigieren. Walter hatte Korngold auf Höselberg Passagen der neuen Oper spielen gehört.

> **Kiepura in der neuen Korngold-Oper?**
>
> In der Absicht, die neue Oper E. W. Korngolds „Die Kathrin", deren Uraufführung im März stattfindet, möglichst glanzvoll zu besetzen, sucht die Direktion der Staatsoper, für die Tenorpartie den Kammersänger Jan Kiepura zu gewinnen. Die Titelrolle wird bekanntlich von Jarmila Novotna kreiert werden.

30 Am 19. Dezember 1937 kolportiert das »Neue Wiener Tagblatt« Jan Kiepura als Partner Jarmila Novotnás in der Titelrolle von Korngolds »Die Kathrin«.

Die Korngolds erwarben Höselberg zur rechten Zeit: Die Machenschaften der österreichischen Innenpolitik 1933, der Bürgerkrieg im Februar 1934 und die Wirren um den Nazi-Putsch im Juli 1934 führten zu Korngolds Rückzug aus dem öffentlichen Musikleben. Er komponierte nun vermehrt in der Abgeschiedenheit seines Landsitzes. Ab 1932 war Engelbert Dollfuß österreichischer Bundeskanzler, ab März 1933 errichtete er ein autoritäres Regime und regierte mit Hilfe des missbräuchlich angewendeten »Kriegswirtschaftlichen Ermächtigungsgesetzes« von 1917 ohne Parlament. Im Februar 1934 schraubte sich der politische Gegensatz zwischen Regierung und Sozialdemokratie in den Bürgerkrieg; nach drei Tagen war der ungleiche Kampf beendet. Eine politische Verhaftungswelle brachte tausende Sozialdemokraten in »Anhaltelager«; Schutzbündler wurden hingerichtet, die Sozialdemokratische Partei verboten. Nach Dollfuß' Ermordung durch die Nationalsozialisten im Juli 1934 führte Bundeskanzler Kurt Schuschnigg die austrofaschistische Diktatur, ab 1936 nannte er sich »Bundeskanzler und Frontführer«. Mit dem Abkommen vom 11. Juli 1936 zwischen Österreich und dem »Deutschen Reich« wurde die Selbständigkeit Österreichs zwar formell noch anerkannt, gleichzeitig wurden österreichische Nationalsozialisten amnestiert. Dies markiert den Beginn des »deutschen Wegs«, in welchem Österreich einer deutschfreundlichen Außenpolitik zustimmte und nationalsozialistisch wie völkisch orientierte Kräfte der österreichischen Politik Richtung geben konnten (»Anschluss von innen«).

Die österreichische Politik erlebte Korngold ab 1934 nicht immer aus nächster Nähe. Eine Einladung Max Reinhardts holte ihn im Oktober des Jahres erstmals nach Hollywood. William Shakespeares »Ein Sommernachtstraum« in der Inszenierung von Reinhardt ging im Jänner 1905 über die Bühne des Berliner Neuen Theaters. Max Reinhardt hielt »die« Sensation der europäischen Bühnenwelt in seinen Händen und markierte damit einen Wendepunkt in der Theatergeschichte. Gemalte Kulissen gehörten der Vergangenheit an, nun schufen plastische Wälder und Moosteppiche Fantasieplätze, prachtvoll gekleidete Elfen entführten in mystisches Reich, Lichtbirnen an Zwirnsfäden durchflirrten als Glühwürmchen die Nacht. Reinhardt flüchtete 1933 aus Deutschland, 1934 holte er den Zauber des »Sommernachtstraums« in die über 18.000 Menschen fassende Freiluftbühne Hollywood Bowl in den Hollywood Hills. Ein kolossales Spektakel mit vielerlei Effekten, in dem der 15-jährige Mickey Rooney in der Rolle des Puck glänzte. Das Publikum war hingerissen. Begeistert war auch Wilhelm Dieterle, der von 1920 bis 1923 am Deutschen Theater in Berlin unter Reinhardt seinen Durchbruch erlebte, 1930 als Regisseur deutschsprachiger Versionen für die Warner-Tochter First National Pictures nach Kalifornien emigrierte und ab 1933 bei Warner Bros. unter Vertrag stand. Die Produzenten Henry Blanke und Hal B. Wallis setzten auf eine Verfilmung des »Sommernachtstraums« unter Reinhardts Regie. Das, was in Berlin und in der Bowl gelaufen war, konnte nur Garant für ein filmisches Gesamtkunstwerk sein. Nach Reinhardts Wunsch sollte Erich Wolfgang Korngold Mendelssohns Bühnenmusik »Ein Sommernachtstraum« für die Produktion bearbeiten und dirigieren. Ein »Fünfzig-Worte-Telegramm« erreichte Österreich: »Reinhardt verstand es, selbst telegrafisch seine Worte so zu setzen, daß es beinahe unmöglich war, abzulehnen. Erich entschloß sich anzunehmen, umsomehr, als Reinhardt in seiner Nachricht von nur sechs bis acht Wochen Arbeit sprach.«[10]

Am 23. Oktober 1934 reisten Erich und Luzi Korngold mit der »S. S. Majestic« in die Vereinigten Staaten. Die Söhne Ernst und Georg blieben bei den Großeltern. Die Trennung schmerzte, denn die wenigen Wochen wurden zu einem halben Jahr. Die Arbeit an der »Sommernachtstraum«-Produktion war intensiv; und so waren auch die ersten Eindrücke von der »Stadt der Engel« an der East Coast. »Meilenweit Orangenhaine«, so Luzi über Los Angeles, »die Bäume mit goldenen Früchten behangen, Schneeberge am Horizont.«[11] Doch früh genug gab Hollywood preis, was dahinter lag. Die Korngolds sahen sich »in eine Art Vergnügungsetablissement« versetzt, »wo alle Gebäude nur aus Fassaden bestehen, wo alles künstlich ist: der grüne Rasen vor den reizenden Villen, die geruchslose Blumenpracht«; und »selbst der blaustrahlende Himmel« hatte etwas Unnatürliches.[12]

Wie jedoch Korngold an die Musik Mendelssohns heranging, erwies sich als Eintrittsticket zu einer längeren Partnerschaft mit dem »movie business«. Dass Korngolds Strategien von Beginn an Gestalt annahmen, sprach für die außerordentliche Wertschätzung der Produzenten und deren Gewissheit, mit dem Österreicher einen Star am Set zu haben. Die Arbeitsmethode zu »A Midsummer Night's Dream« war ungewöhnlich: In einem eigenen Vorführungsraum ließ Korngold die fertigen Filmteile ablaufen und fantasierte dazu frei am Klavier. Die »cue-sheets« lehnte er ab; solche sonst üblichen Stichwortblätter lieferten die genauen Zeitangaben zu den Filmszenen. Ebenso eliminierte er das gängige »click track«-Verfahren, bei dem das auf den Film abgestimmte Tempo dem Dirigenten über Kopfhörer vermittelt wird. Ohne dieses technische Hilfsmittel in Anspruch zu nehmen, folgte Korngold mit dem Orchester der Handlung des laufenden Films, nicht anders, als wäre die Leinwand eine Opernbühne.

Um den gesamten Film mit Mendelssohns Musik zu versehen, verwendete Korngold neben der Bühnenmusik zu »Sommernachtstraum« auch die lyrischen Klavierstücken »Lieder ohne Worte«, Mendelssohns Kammermusik und Auszüge aus dessen Sinfonien. Ein großes Orchester stand bereit; Saxofone, Klavier, Gitarre, Vibrafon, zusätzliche Perkussion und Harfe gaben den exotischen Momenten die passenden Soundnuancen. Nach Reinhardts Anweisung sprachen die Darstellenden ihre Verse zum Teil rhythmisiert zur Musik, Korngold dirigierte aus dem künstlichen Gebüsch heraus. So sah Theaterarbeit für

31 Aushangfoto für Max Reinhardts Film »Ein Sommernachtstraum«, 1935.

den Film aus. »A Midsummer Night's Dream« erschien 1935, unter den Klängen von Mendelssohns »Hochzeitsmarsch« versprach der offizielle Werbetrailer ein Aufgebot an Stars und stellte »the most spectacular film ever produced«[13] in Aussicht. Zwei Oscars waren der Lohn dafür: Hal Mohr für die Kamera, Ralph Dawson für den Schnitt.
Im Mai 1935 verließen Erich und Luzi die Vereinigten Staaten, um mit dem Reiseantritt am 31. Juli des Jahres erneut in Richtung New York aufzubrechen, nun mit den Kindern samt Kindermädchen an Bord. Hollywood wartete. Während Korngold die Orchesteraufnahmen zur Paramount-Produktion »Give Us This Night« mit Gladys Swarthout und Jan Kiepura bewerkstelligte, wollte Warner die Untermalung eines Abenteuerfilms. Korngold wehrte ab, die Arbeit für Paramount bräuchte ihre Zeit und damit wäre der Filmmusik dann auch ein Ende gesetzt. Die Warner Company ließ nicht locker und führte dem Komponisten einen Film unter dem Titel »Captain Blood« (»Unter Piratenflagge«) vor, »in dem der damals sehr junge, noch nicht von Holly-

Von Höselberg nach Hollywood 113

32 Errol Flynns Kostüm aus »Captain Blood« von 1935, ausgestellt im St. Augustine Pirate and Treasure Museum, Florida.

wood angekränkelte Errol Flynn debütierte.«[14] Korngold verneinte. Es scheint, als wendete die Company Tricks an, »denn auch das materielle Angebot war keineswegs verlockend«[15] – und Korngold willigte schließlich ein. Bald fand er sich an den Scores zu »Captain Blood« wieder. Die Geschichte führt in das Jahr 1685: Der junge englische Arzt Peter Blood wird zum Tod durch Erhängen verurteilt, nachdem er sich eines verwundeten Rebellen annimmt. Da in Jamaika Sklavenmangel herrscht, ändert der König das Urteil, Blood gelangt in die westindische Kolonie Port Royal. Die Gouverneurs-Nichte Arabella Bishop kauft ihn, um sein Schicksal abzumildern. Im Ansturm spanischer Freibeuter auf Port Royal erhebt Blood sich zum Piraten, die schöne Arabella erscheint als Gefangene erneut in seiner Nähe. Ein kampffreudiges Ringen um ihre Rettung entbrennt, nicht minder rauschend ist Bloods Einsatz um das von französischen Schiffen bedrohte

Port Royal. Auch dieser Gefahr wird der selbsternannte Pirat Herr: Der Gouverneursposten in Port Royal sowie die Liebe Arabellas sind ihm sicher. Kraftvoll schwang Errol Flynn den Piratensäbel und hob sich mit Olivia de Havilland an der Seite in einen glanzvollen Karrierestart. Typisch für alles Weitere klingt Korngolds Musik: markante Fanfaren-Signale, rasante Tempi, Melodiewogen und schmeichelnde Wendungen, die an die Herzen rühren. Leitmotivausarbeitung fügt die Themen in einen größeren Zusammenhang. »Captain Blood« verzeichnete fünf Oscarnominierungen.

Im Mai 1936 ging es zurück nach Österreich, die Sommermonate galten Höselberg, »mit einer Inbrunst, die seherischer Voraussicht gleichkam.«[16] Im Oktober 1936 verließ Korngold erneut seine Heimat, ein weiterer Vertrag mit Warner Bros. war unterzeichnet. Mit dem spektakulären Historienepos »Anthony Adverse« (»Ein rastloses Leben«) entstand ein Film von schweifender Länge und noch ausschweifenderen Dollars. »Anthony Adverse« holte die Menschen in die Kinos, von sieben Oscarnominierungen wurden vier tatsächlich vergeben. Darunter ein Oscar für die beste Musik – es war jedoch Leo F. Forbstein, der Leiter der Musikabteilung, der die Trophäe entgegennahm. Erst nach dessen Tod kam die begehrte Statuette in Korngolds Hände. 1936 komponierte Korngold außerdem noch für den von Warner produzierten Musicalfilm »Hearts Divided« und den ebenfalls bei Warner unter dem Titel »The Green Pastures« entstandenen Zusammenschnitt biblischer Geschichten, welche ausschließlich von afroamerikanischen Darstellerinnen und Darstellern gemimt wurden. Hinzu kam der Paramount Actionfilm »Rose of Rancho«.

Nun folgte ein längerer Aufenthalt in Österreich, die Premiere der »Kathrin« war für die Saison 1937/38 geplant. Nach dem »Hin und Her« zwischen den Kontinenten spielte Höselberg die Rolle eines heimeligen Rückzugsorts, dennoch hatte Korngold auch in diesem Jahr Aufträge für den Film zu erledigen. Mit »Another Dawn« (»Flammende Nächte«) nach der Story »The Ambassador's Wife« von W. Somerset Maugham war er wieder mit Wilhelm Dieterle am Set. Die auf die Leinwand gesetzte Liebesgeschichte zwischen einem jungen Offizier (Errol Flynn) und der Frau seines Kommandanten (Kay Francis) spielte jedoch nicht den erwarteten Erfolg ein. Anders lief es mit der opulenten Verfilmung von Mark Twains »The Prince and the Pauper« (»Der Prinz und der Bettelknabe«). Aufwendig wurde dieser Klassiker inszeniert, virtuos agierten die Mauch-Zwillinge Billy und Bobby als Tom Canty und Prinz Edward.

Im Jänner 1938 forderte ein überraschend dringendes Telegramm nach Korngolds sofortigem Einsatz in Los Angeles: Er sollte »innerhalb von zehn Tagen in Hollywood sein, um die Musik für ›Robin Hood‹ zu machen.«[17] Am 29. Jänner 1938 trat der Pendler zwischen den Welten gemeinsam mit Luzi und Georg die Tour über den Atlantik an, im nahe der Warner Studios gelegenen Toluca Lake mietete er ein Haus. Zwar wähnte Korngold sich am 11. Februar 1938 noch außer Stande, den Film »The Adventures of Robin Hood« (»Robin Hood, König der Vagabunden«) überhaupt zu vertonen, doch erzwang das Hitler-Schuschnigg-Treffen tags darauf die Auseinandersetzung mit dem Stoff. Am 12. Februar 1938 war Kurt Schuschnigg bei Hitler in Berchtesgaden. Die Unterredung hatte die Amnestie für Nationalsozialisten und die Bereitstellung des Nationalsozialisten Arthur Seyß-Inquart zum österreichischen Innenminister zur Folge. Am 14. Februar 1938 entschied Korngold definitiv, die Partitur für »Robin Hood« aufzusetzen: Auf Grund der Zeitknappheit griff er nach seiner 1919 vollendeten sinfonischen Ouvertüre »Sursum Corda« (»Erhebet die Herzen«). Dieses Richard Strauss zugeeignete, gemäß dem Motto »nach Kampf und Not aus tiefster Bedrängnis zu Licht, Freiheit und Freude« komponierte Werk wob sich in die Filmmusik ein. Und auch Töne der »Kathrin« mischten mit.

Der Blick nach Österreich war verheerend: Die am 9. März 1938 von Schuschnigg für den 13. März anberaumte Volksbefragung zum weiteren Fortgang des Landes scheiterte am Ultimatum des »Deutschen Reichs«. Schuschnigg trat zurück, die nationalsozialistische Regierung Arthur Seyß-Inquarts wurde gebildet. Am 12. März 1938 marschierten deutsche Truppen ohne Widerstand in Österreich ein, am 15. März 1938 verkündete Hitler am Wiener Heldenplatz vor den jubelnden Massen seine »Vollzugsmeldung« an die Geschichte. In den ersten Ta-

33 Korngold-Gedenktafel am Haus Sternwartestraße 35 in Wien-Döbling.

gen nach dem »Anschluss« wurde das Haus der Korngolds in der Sternwartestraße 35, Wien-Döbling, mitsamt der Musikbibliothek beschlagnahmt, darunter die fertige Partitur der »Kathrin«. Ein Teil des »Kathrin«-Manuskripts fiel dem NS-Vandalismus zum Opfer, die in den Händen des Musikverlegers Josef Weinberger befindliche Kopie konnte außer Landes geschmuggelt werden. Die Premiere der »Kathrin« musste unter Korngolds Abwesenheit und bei antisemitischen Rezensionsstimmen im »Exil« laufen: am 9. Oktober 1939 an der Königlichen Oper in Stockholm. Im 3. und letzten Akt der Oper intoniert der ruhelos wandernde François ein nostalgisches Lied, welches thematisch den Finalteil des Werks bestimmt:

Wo ist mein Heim, mein Haus,
wo ist für mich ein Tisch,
ein Bett bereitet,
wes Hand geleitet mein Herz zur Rast?

»Entjudung« von Höselberg – eine österreichische Geschichte

Mit dem »Anschluss« startete die Wiener Bevölkerung ihre »wilden Arisierungen«: Jüdische Geschäfte und Betriebe wurden ohne Genehmigung der NS-Behörden »enteignet«. Die ungezügelten Aktionen veranlassten die Behörden zur Verabschiedung von Gesetzen, über welche die Enteignung jüdischen Besitzes im gesamten NS-Machtradius »geregelt« ablaufen konnte. Institutionen bereicherten sich, Vermögen wurde »umverteilt«, private regimetreue Personen profitierten. Über »Entjudungskonten«, »Abgabekonten« oder »Sperrkonten« wanderte das geraubte jüdische Vermögen in die Nazi-Kanäle. Wie eine von vielen jüdischen Geschichten Österreichs liest sich auch der »Verkauf« von Höselberg.

Der mit 31. Jänner 1938 seines Amtes enthobene jüdische Rechtsanwalt Emil Wolf, nun als Konsulent »zur rechtlichen Beratung und Vertretung von Juden bestellt«[18] und von Erich Wolfgang Korngold zur Verkaufsabwicklung von Gut Höselberg bevollmächtigt, schreibt am 10. Jänner 1939 von Österreich nach Toluca Lake Avenue, North Hollywood:

> Sehr geehrter Herr Professor! [...] Am 25. d. M wird ein Jahr seit Ihrer Abreise verflossen sein. [...] Von den vielen Sorgen, die mich bedrückten, waren jene um Ihre Angelegenheiten und die Ihres Vaters nicht die geringsten. [...] Seit Monaten bin ich angelegentlich bemüht, Ihre L i e g e n s c h a f t in Gmunden [...] zu veräussern. Für Höselberg wird sich hoffentlich im Frühjahre eine Verkaufsmöglichkeit ergeben; wenigstens wurde mir dies von dem Gmundner Realitätenbureau Fritsch in Aussicht gestellt, welches ich mit der Vermittlung des Verkaufes betraut habe.[19]

Stetig ist Emil Wolf mit Erich Wolfgang Korngold in Kontakt, am 20. November 1939 berichtet der jüdische Anwalt, dass er die »Bemühungen um den Verkauf von Höselberg« »unausgesetzt« fortsetze.[20] Bedenken und Hindernisse stünden jedoch im Wege, nicht zuletzt, da im Oktober 1939 die »Judenvermögensabgabe« (»Juva«) von 20 % auf 25 % erhöht wurde. Im Folgemonat steht Wolf mit dem Interessenten

Alfred Demelmayer vor dem Vertragsabschluss, allein die durch die Behörde verzögerte Genehmigung fehlt noch. Als zusätzliche Schwierigkeit kommt hinzu, dass der »Landesrat des Landkreises Gmunden« und der »Arbeitsdienst für die weibliche Jugend in Wien« Ansprüche auf Höselberg erheben.[21] Als neuer Bewerber tritt der Wiener Rechtsanwalt Alois Josef Hey in Erscheinung, er soll, um die von Emil Wolf vorbereitete und kurz vor der Finalisierung stehende Kaufabwicklung mit Demelmayer zu verhindern, um »Arisierung« des Korngold'schen Besitzes angesucht haben.

Im Dezember 1939 sucht der Rechtsanwalt Alois Hey beim Ministerium für Landwirtschaft, Obere Siedlungsbehörde, um Genehmigung eines Kaufvertrags zu Höselberg. Das von Hey vorgelegte Schätzungsgutachten beläuft sich (ohne Hausinventar) auf 51.817,– Reichsmark. Der Kaufpreis wird auf 44.000,– Reichsmark herabgesetzt.[22] Im Mai 1940 stellt auch der »Arbeitsdienst für die weibliche Jugend« in Wien eine Anfrage zum Erwerb der Liegenschaft Höselberg. Die »Reichsstatthalterei Oberdonau« empfiehlt, im Falle der Absicht, mit dem Käufer Demelmayer in Konkurrenz treten zu wollen, »ehestens« den »Kaufvertrag mit Dr. Emil Israel Wolf« abzuschließen und der »etwaigen Einwendung des letzteren, daß er bereits den Kaufvertrag mit Demelmayer geschlossen habe, […] entgegenzuhalten, daß dessen Genehmigung bisher nicht erfolgte und daß aus der zeitlich früheren Einbringung keine Prioritätsrechte erwachsen können.«[23]

Zur »politischen Beurteilung« Alfred Demelmayers durch das NSDAP »Gaupersonalamt Wien« lesen sich Worte wie »kein Parteimitglied«, »aktiver Heimwehroffizier« oder »scharfer Nazigegner«; ebenso sei der interessierte Käufer »innerlich weiterhin Gegner der NSDAP bedingt durch die Ehe mit einer Halbjüdin.«[24] Im August 1940 wird der Kaufvertrag Demelmayers von der »Reichsstatthalterei Oberdonau« abgelehnt.[25]

Im Jänner 1941 bittet der »Reichsminister für Ernährung und Landwirtschaft« um eine schnelle »freiwillige Veräußerung« des Gutes Höselberg, da eine »Zwangsarisierung« auf Grund der Tatsache, dass der Eigentümer sich in den Vereinigten Staaten aufhalte und »vielleicht sogar amerikanischer Staatsbürger«[26] sei, nicht mehr durchführbar sei. (Korngold erhielt erst im Februar 1943 die amerikanische Staatsbürgerschaft.) Im April 1941 stellt die »Reichsstatthalterei Oberdonau« dem »Reichsarbeitsdienst« gegenüber das »Vorkaufrecht« zur Debatte, welches letztlich von der »Deutschen Ansiedlungsgesellschaft« in Anspruch genommen wird.

Die von Erich Wolfgang Korngold für Emil Wolf ausgestellte Vollmacht ist abgelaufen. Der als »Treuhänder« bezeichnete Rechtsanwalt und »Halbjude« Siegfried Natter wird als neue Vertretung Korngolds abgewiesen, indes wird der Rechtsanwalt Fritz Bodenstab als Vertretung für die Korngolds installiert. Mit Verträgen von September 1941 wird die Liegenschaft Höselberg um 36.000,- Reichsmark an die »Deutsche Ansiedlungsgesellschaft«, mit einem Vertrag vom April 1942 um 35.000,- Reichsmark an das »Deutsche Reich – Reichsarbeitsdienst« verkauft. Neben anderen offenen Beträgen müssen die »Judenvermögensabgabe« von Erich Wolfgang, die »Judenvermögensabgabe« von Luise, Realsteuerrückstände, Gemeindeumlagen oder »Reichsnährbestandsbeiträge« aus dem »Auswanderer-Sperrkonto« der Korngolds überwiesen werden.

Die »offizielle« Beschlagnahmung des »gesamte[n] stehende[n] und liegende[n] Vermögen[s]« der Familie Korngold durch die »Gestapo-Leitstelle Wien« war bereits am 24. Februar 1941 »aus Gründen der öffentlichen Sicherheit und Ordnung mit dem Ziele der späteren Einziehung zu Gunsten des Deutschen Reiches«[27] erfolgt.

Lebensretter »Robin Hood«

Am 23. März 1938 berichtete die New York Times:

> Eines wird nun klar: Während in Deutschland die ersten Opfer der Nazis die Linksparteien waren – Sozialisten und Kommunisten – sind es in Wien die Juden, die in erster Linie unter dem revolutionären Angriff der Nazis zu leiden haben. In 14 Tagen ist es gelungen, die Juden einem unendlich härteren Regime zu unterwerfen, als es in Deutschland in einem Jahr er-

reicht wurde. Deshalb ist die tägliche Liste von Selbstmorden so lang, denn die Juden sind schutzlos Verhaftung, Plünderung, Beraubung ihres Lebensunterhalts und der Wut des Mobs ausgesetzt.[28]

Zu den Gewalttätigkeiten der Wiener Bevölkerung und in weiterer Folge an deren Stelle trat der staatlich organisierte Naziterror. Polizei, Sicherheitsdienst und Gestapo führten Hausdurchsuchungen, Beschlagnahmungen und Verhaftungen durch. Unmittelbar nach dem »Anschluss« griffen die ersten antijüdischen Maßnahmen: Das »Berufsbeamtengesetz« (»Gesetz zur Widerherstellung des Berufsbeamtentums«) erzwang die Außerdienststellung missliebiger Personen; Journalistinnen und Journalisten sowie Hochschullehrende wurden entlassen, Schauspielerinnen und Schauspieler, Musikerinnen und Musiker unterlagen einem Auftrittsverbot, ein vorläufiges Berufsausübungsverbot sperrte Rechtsanwältinnen und Rechtsanwälte. »Legistische Maßnahmen« regelten die Schikanen: Am 26. April 1938 wurde die Verordnung über die »Vermögensanmeldung« von Jüdinnen und Juden erlassen, mit Ende Mai 1938 griffen auch in Österreich die »Nürnberger Rassegesetze«. Im Laufe der Sommermonate wurde eine Unmenge an diskriminierenden Gesetzen, Erlässen und Verordnungen installiert. Die Annahme der Zusatznamen »Sara« und »Israel« war ab nun verpflichtend.

Zum Schock über den Judenterror in Wien kam für Erich Wolfgang und Luzi Korngold die Angst um das Leben des in Österreich verbliebenen älteren Sohns Ernst. Julius Korngold hatte sich in weiser Voraussicht um Ernsts Besuchervisum für die Vereinigten Staaten gekümmert, der Knabe wurde in den Pass seiner Großeltern eingetragen. Am 13. März 1938 brachten Julius und Josefine Korngold ihren Enkelsohn in die Schweiz, von dort gelang den drei Korngolds die Flucht in die Vereinigten Staaten. Eine Zerreißprobe für das Herz eines jeden Familienmitglieds. »Endlich, nach Monaten, kam der langersehnte Tag, an dem Erich und ich die Eltern und unsern Buben von der Bahn abholen konnten.«[29] So Luzi im Rückblick an diese katastrophale Zeit.

Mit dem »Anschluss« und den Novemberpogromen wurden die Vereinigten Staaten für die aus Österreich Geflüchteten zum wichtigsten Exilland. Die Einwanderungspolitik der Vereinigten Staaten blieb in ihren Grundzügen zwischen 1933 und 1945 unverändert, im Gegensatz zu Großbritannien oder den Niederlanden reagierte das Land nicht oder zu wenig weitreichend auf die Situation in Europa. 1924 wurde mit dem »Immigration Act« ein Limitierungssystem festgelegt: Neben der »Barred Zone«, aus der keine Immigranten zugelassen waren, und der »Unrestricted Area«, aus der alle Gesuche positiv beantwortet wurden, erklärte man alle übrigen Länder zu Gebieten, aus denen, aufgeteilt auf die jeweiligen Länderquoten, pro Jahr 150.000 Menschen in die Vereinigten Staaten einwandern durften. Frauen mit Kindern, die einen amerikanischen Staatsbürger heirateten, künftige Studierende oder Personen mit einem Lehrauftrag an einer amerikanischen Institution waren von der Quotierung ausgenommen. Sie hatten die Chance auf ein »Nonquota Visa«. Die Universitäten und Lehranstalten an der Ost- und Westküste, die Filmfabrik Hollywood, die Bühnen am Broadway oder diverse amerikanische Opernhäuser boten den Vertriebenen Arbeit. Überall dort konnten Komponierende, Arrangierende, Dirigierende, Instrumentalistinnen und Instrumentalisten, Schauspielerinnen und Schauspieler, Autorinnen und Autoren sowie Regisseure tätig sein.

Dass Korngold es zustande brachte, in den Monaten März und April 1938 die Musik für »Robin Hood« zu schreiben, ist erstaunlich. Bereits im Mai 1938 kam »Robin Hood« in die amerikanischen Kinos, der Filmbetrieb war um einen Kassenschlager reicher: Errol Flynn agierte als gewinnender Outlaw in Sherwood Forrest, seine Liebe zu Lady Marian sorgte für die rechte Romantik. Einmal mehr begeisterte das Leinwandpaar Errol Flynn und Olivia de Havilland, Basil Rathbone mimte den quertreibenden Guy of Gisbourne. Korngolds Töne sind grandios: Da strahlt der Trompetenklang für den Titelhelden, dort entfaltet die Liebesszene mit Marian einen opernhaften Bogen. Die Figuren sind perfekt nachgezeichnet und an geeigneter Stelle auch karikiert; mit Verve und Zauber illustrierte Korngold die im neuen Technicolor-Farbverfahren rauschende Bilderwelt. »Robin Hood« erntete drei Oscars: »Bestes Szenenbild« (Carl Jules Weyl), »Bester Schnitt« (Ralph Dawson) und »Beste Filmmusik« (Erich Wolfgang Korngold).

Kontinuierlich schuf Korngold in den Folgejahren Filmpartituren. Den Rahmen dafür verhandelte er aus: Pro Jahr maximal zwei Filme oder weniger, die Musik bleibt sein Eigentum, die Entscheidung darüber, wo Musik verwendet wird, liegt bei ihm. 1939 schrieb er für das Historienepos »Juarez« und für »The Private Lives of Elizabeth and Essex« (»Günstling einer Königin«) mit Errol Flynn als Earl of Essex und Bette Davis als Königin Elizabeth, 1940 abermals für ein Abenteuerszenario mit Errol Flynn in »The Sea Hawk« (»Herr der sieben Meere«). Mit »The Sea Wolf« (»Der Seerwolf«) blieb Korngold auch 1941 in diesen Sphären. Die Filme »Kings Row« (1942), »The Constant Nymph« (»Liebesleid«) (1942), »Devotion« (1943), »Between Two Worlds« (»Zwischen zwei Welten«) (1943), »Of Human Bondage« (1945), »Escape Me Never« (1947) und »Deception« (»Trügerische Leidenschaft«) (1946) folgten. 1947 beendete Korngold die Zusammenarbeit mit Warner Brothers.

Des Komponierens für den Film müde, legte Erich Wolfgang Korngold seinem Freund Erich Zeisl ein Projekt von Wilhelm Dieterle ans Herz. Aus dem italienischen Gardone berichtete er im September 1949 über einen »auf einer Insel südlich von Sizilien« gedrehten Film, einer »guten Mischung von landschaftlichem wie menschlichem Interesse«, den Dieterle ihm »im Rohschnitt zweimal gezeigt hat« und den er noch mit »ein paar gute Schnitt›ezes‹« versehen hatte.[30] Aus Gesundheitsgründen und vor allem, da er »prinzipiell« »keinen Film mehr machen« wollte, lehnte er ab und empfahl Zeisl für diese Tätigkeit, die nach »volkstümliche[r] und leidenschaftliche[r] Musik« verlangte und »einen Kampf unter Wasser, grosse Fischfänge, eine Vulkanexplosion, Procession, Gebet« zu untermalen hatte. »Kurz«, so Korngold ironisch, »was das Herz eines Komponierlustigen Komponisten (was ich ja nie war!!) begehrt.«[31] Zeisl löste die ihm angetragene Vertonung nicht ein, der Film erschien 1950 in Italien unter dem Titel »Vulcano«, als Komponist trat Enzo Masetti in Erscheinung.

Den 1905 in Wien geborenen Erich Zeisl lernte Korngold in Los Angeles persönlich kennen. Nach dem Novemberpogrom 1938 flüchtete Zeisl von Wien nach Paris, kurz vor Ausbruch des Zweiten Weltkriegs verließ er Europa in Richtung New York. Hanns Eisler bemühte

34 Filmkomponist Eric Zeisl, frühe 1940er Jahre.

sich von Los Angeles aus, Zeisl »plus Familie nach Hollywood zu verpflanzen,«[32] Hans Kafka, als Drehbuchautor mit Hollywood bereits vertraut, sah eine »terrific chance«, auch Zeisl in das Filmgeschäft »hineinzubringen«, und wickelte als »personal Zeisl representative«[33] die Vertragsverhandlungen vor Ort ab. Bei Metro-Goldwyn-Mayer kam Zeisl unter, nach nur 18 Monaten wurde er entlassen. Zeisl erlebte die Schattenseiten der auch von Kalkül, Intrigen und Rangeleien durchtriebenen Filmwelt, in welcher der Dollar regierte und Musik als Produkt gehandelt wurde. Seine Briefe an die Literatin Hilde Spiel erzählen von der Hollywood-Tristesse, die abseits der »Starkomponisten« Max Steiner und Erich Wolfgang Korngold Standard war:

> Yes I am a movie composer! Isnt terrible? I have enough time to write for myself but I can't. When you think that you would have to compose 60 Min. Musik, 400 pages scores in 9 days this takes you every string to compose for yourself. After the work is done you are empty like a stomac before Diner. Thats the way here![34]

Mit dem 1944/45 entstandenen »Requiem Ebraico« entmachtete Zeisl seinen Kompositionsstillstand. Das im Gegensatz zu früheren Werken tiefreligiöse Stück war ein Auftrag des Reformrabbiners Jacob Sonderling, der in Los Angeles die Society for Jewish Culture leitete. Sonderling trat auch an Erich Wolfgang Korngold heran; das Ergebnis dieses Auftrags war »Passover Psalm« (1941). Während Zeisl mit dem »Requiem Ebraico« seinen künftigen Weg einschlug, stellt Korngolds Sammlung hebräischer Gebete der Pessach-Haggada eine Ausnahme in dessen Werk dar. Dennoch verbindet dieser musikalische Schnittpunkt die Exilösterreicher. Ungleich tiefer jedoch verband die beiden eine durch private Treffen in Los Angeles gewachsene Freundschaft.

»... daß wir Emigranten näher zusammenrückten«

Mit dem Exil der europäischen Künstlerschaft wurde der Melting Pot Los Angeles um illustre Persönlichkeiten bereichert. Der vertriebene Kunstintellekt setzte nach außen hin Akzente in Musik, Theater, Film und Bildung, das Innenleben dieser Menschen jedoch war von Ambivalenz gezeichnet. So prallten in Arnold Schönbergs vielzitierter Rede »Ins Paradies vertrieben« (1934) die ehemalige und die aktuelle Lebenswelt aufeinander. Flüchtend vor dem Naziterror, vertrieben dorthin, wo man »aufrecht gehen darf und das Haupt erhoben tragen kann; wo Freundlichkeit und Fröhlichkeit herrschen, wo es eine Freude ist zu leben und eine Gnade Gottes, ein Verbannter aus einem anderen Land zu sein.«[35] So formulierte Schönberg seine Dankbarkeit dem Land gegenüber, um dessen permanente Aufenthaltsbewilligung er dennoch auch zu bangen hatte. Schönbergs Stelldichein mit Hollywood war nur eine kurze Episode, umso treffender fiel der Blick von Bertolt Brecht dorthin aus – das Verweilen kommt einer Zerreißprobe zwischen »Paradies und Hölle« gleich, denn beides kann »eine Stadt sein.«[36] Hanns Eisler vertonte diese Zeilen in seinem Exildokument »Hollywooder Liederbuch« (1942/43). Für die Exilierten war Los Angeles ein anderes Pflaster als New York. Der klassischen Musikszene

35 Freunde im Exilantenzirkel: Eric Zeisl mit Alexandre Tansman und Mario Castelnuovo-Tedesco (v. l.).

fehlte es an Infrastruktur, Aufführungskonzepte waren nur marginal vorhanden, von einem blühenden Konzertleben war man allzu weit entfernt und die Filmstudios in ihrer Erfolgsbesessenheit dominierten. Die Kunstwelt träumte von einem anspruchsvolleren Umfeld. »Korngold, Toch, Tansman, Milhaud, allen, allen ist gleich langweilig. Ich arbeit' und mir ist fad ist der hiesige Slogan.«[37] So Erich Zeisl 1946 an Hilde Spiel nach London. Europa war nach dem Kriegsende wieder näher gerückt, doch das Heimweh nach Österreich, die Trauer über die Geschehnisse in Europa und das Fehlen vertrauter kultureller wie sozialer Strukturen war besonders während der Kriegszeit belastend gewesen. So resümierte Luzi Korngold: »Es versteht sich von selbst, daß wir Emigranten näher zusammenrückten.«[38]

Dieses Zusammenrücken brachte verschiedene Disziplinen an einen Tisch. Vor allem die Herkunftsländer formten die Exilzirkel, Gemeinsamkeiten in Sprache und Kultur waren verbindend. Salka Viertel, die Schwester des dem Schönberg-Umfeld entstammenden Pianisten Eduard Steuermann, lebte im westlich von Los Angeles gelegenen Santa Monica. Viertel war in Europa als Schauspielerin erfolgreich und avancierte in Hollywood zur Drehbuchautorin sowie Managerin von Greta Garbo. Ihre Kontakte liefen in die nun in Hollywood ansässige europäische Theaterwelt, in die Reihen der klassischen Musik und in die Sphären der Literatur. Ihren Erinnerungen folgend bestand die »deutsche Kolonie« aus »mehreren Gruppen«.[39] Markant war Thomas Mann, die »repräsentative, offizielle literarische Persönlichkeit,«[40] dann eine »kleine politisch links stehende Gruppe«[41] um den aus Wien stammenden Fritz Kortner, die sich hauptsächlich aus emigrierten Schauspielerinnen und Schauspielern formte. Zu dem Kreis um Thomas Mann zählten die Literaten Bruno Frank, Lion Feuchtwanger und Alfred Polgar, Alma Mahler-Werfel und Franz Werfel sowie der Dirigent Bruno Walter, die Sängerin Fritzi Massary, Wilhelm und Charlotte Dieterle. Eine »andere Insel« bildeten Max Reinhardt und dessen Frau Helene Thimig, die beiden empfingen »nur selten Gäste, und die wenigen Partys, die sie gaben, waren international.«[42] Unter solch eine Abendgesellschaft, die auch Alma Mahler-Werfel und Franz Werfel anzog, mischten sich Luzi und Erich Wolfgang Korngold.[43] Ähnliche Gelegenheiten wird es oftmals gegeben haben, denn Reinhardt und Thimig standen den Korngolds besonders nahe, sie vermittelten ihnen das Gefühl eines Ankommens »in einem heimatlichen Hafen«, durchaus einem Treffen in »Wien, Berlin, Paris oder London«[44] vergleichbar. Vor allem während der ersten Zeit in den Staaten kamen die Korngolds Einladungen zu Partys nach; man war auch im Trocadero, dem »damals fashionabelsten Nachtlokal Hollywoods.«[45] Ein »freudiges Wiedersehen« gab es mit Otto Klemperer, der damals das Los Angeles Philharmonic Orchestra leitete. Nach seinen Konzerten kam es meist zum gemütlichen Beisammensein: »An solchen Abenden«, so Luzi,

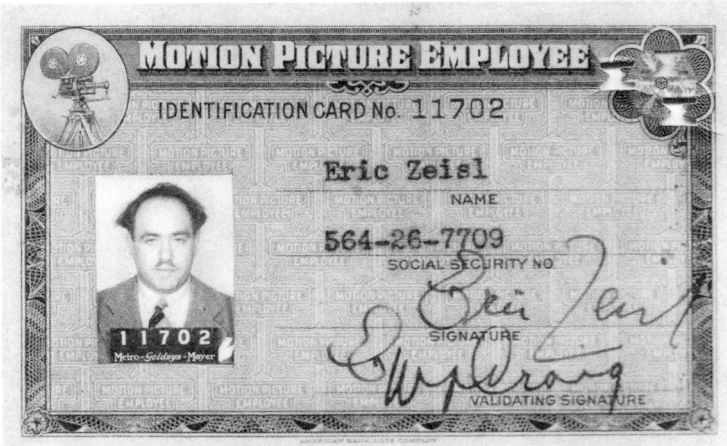

36 Motion Picture Employee Identification Card No. 11702, Eric Zeisl.

fühlte man sich »wie auf einer europäischen Insel inmitten dieses fremden [...] Kontinents.«[46]

Eine kleine österreichische Insel war das Haus der Zeisls: Erich und Gertrud Zeisl gaben immer wieder Abend- und Nachmittagsgesellschaften, zu denen sich die Korngolds gerne einfanden. Mit den Zeisls befreundet waren auch Alma Mahler-Werfel, Lion Feuchtwanger, Alexandre Tansman, Ernst Toch oder Darius Milhaud, der dann und wann von San Francisco auf einen Sprung vorbeikam. Mit unterschiedlichen Persönlichkeiten wie Hanns Eisler und Igor Strawinsky stand Zeisl ebenfalls in guter Verbindung. Ein Mix, der den geladenen Gästen guttat. Da wurden Wiener Mehlspeisen aufgetischt und man scherzte und lachte. Die Urlaubspost innerhalb dieser Runde lässt Vertrautheit erahnen: So schrieb Toch an seine »Zeiserln« und sprach von den »Korngöldern«, Zeisl adressierte an seine »lieben Korngolds«, Korngold wiederum an die »Liebe[n], gute[n] Zeisls«. Es sind dann und wann auch schnell aufgesetzte Nachrichten, die Korngold den Zeisls übermittelte: Eine Postkarte aus Burbank etwa, wo Warner Brothers Studioniederlassungen betrieb, ganz in der Nähe zu Korngolds Haus in Toluca Lake, oder flott geschriebene Zeilen aus Desert Hot

Springs, die Korngold im »Vorbeifahren« und mit Schmeißen »von Küsschen« den Zeisls in deren Urlaubsort hinterließ. Korngold adressierte auch »hinauf« nach Lake Arrowhead, in die San-Bernardino-Berge, die klimatisch wie landschaftlich an Europa erinnern und den naturverliebten Zeisls in den späten 50er Jahren ein Ferienparadies waren. Am 27. Juli 1955 schrieb Korngold von Burbank nach Lake Arrowhead:

> Liebe, gute Zeisls –
> Nur eine Zeile des Danks für die höchst angenehmen Stunden am vergangenen Sonntag wie für das prächtige und opulente Zimmer und alle guten Wünsche für den weiteren Sommerverlauf nebst guter Komponierlaune! Habt Ihr das Klavier umgestellt? Bestimmt nicht!! –
> Wir kommen sicherlich noch einmal hinauf zu Euch. Bis dahin: lasst es Euch gut gehen und seid herzlich gegrüsst und umarmt!
> Die ganze Korngoldfamilie.[47]

Keck war die Notiz aus Desert Hot Springs vom 30. Dezember 1955:

> Lieber alter Zeisl!
> Wir kommen über San Diego u. Palm Springs eigens, um Euch für ein paar Küsschen zu besuchen!
> Nachdem wir über eine halbe Stunde angenehm die »Siesta« gemacht haben – niemand konnte uns eine definitive Adresse bekannt geben – habe ich sie endlich in der »Fiesta« (5. Street) ausfindig gemacht, um gerade 2 Minuten nach Eurer Abfahrt einzutreffen!!! Das nenne ich Pech! Auf baldigst in L.A. Prosit Neujahr!
> Herzlich: Dein EWK.[48]

Mit dieser Silvesternachricht von Dezember 1955 hatte Korngold ein Jahr hinter sich, das von herben Enttäuschungen um die Wiederaufnahme seiner Oper »Die tote Stadt« (1920) im Münchner Prinzregententheater gezeichnet war. Für die Aufführung war Korngold nach Deutschland gereist. Das mit Spannung erwartete Ereignis mit Marianne Schech als »Marietta von ungewöhnlicher Stimmqualität und

37 Eric Zeisl und Hugo Strelitzer, »To my dearest friend Eric from his pal Hugo, Big Bear 1953«.

Bühnentemperament«,[49] mit Hans Hopf als Paul, unter der Regie Otto Erhardts und mit Robert Heger am Dirigentenpult bot dem vertriebenen Europa Gesprächsstoff. So berichtete der Leiter des Opera Workshop am Los Angeles City College, Hugo Strelitzer, am 15. Mai 1955 aus München über den live miterlebten Opernabend.

Strelitzer nahm einen »Publikumserfolg von einem Ausmass« wahr, wie er es »nur selten« in seinem »Leben erlebt« hatte. Nach Mariettas Lied »setzte ein Beifallssturm ein, der sich überhaupt nicht legen wollte.«[50] Gleiches »ereignete sich im zweiten Akt beim Lied des Pierrot. Korngold wurde nach Schluss des Werkes unzählige Male vor den Vorhang gerufen.«[51] »Ich habe mich über Korngold's Erfolg aufrichtig gefreut« – so Strelitzer gegen Ende des Briefs an Erich Zeisl – »und habe doch auch wieder mit ihm gelitten, als ich diese Kritiken las. […] Man muss ein ›toter‹ Komponist sein, um das Komponistenlos zu würdigen, wie mir Korngold vor einigen Tagen mit bitterer Ironie gesagt hat.«[52]

Das Comeback des einstigen Sensationserfolgs scheiterte – nicht an der Publikumsreaktion, sondern an der Kritik. Ein Muster, das Korngolds Rückkehr in die europäischen Spielpläne der Nachkriegszeit regelrecht paralysierte. Zeisls Klavierauszug zu »Die tote Stadt« trägt die Widmung des Komponisten: »Erich Zeisl – dem alten Freund der ›toten Stadt‹ mit allen guten Wünschen: Erich Wolfgang Korngold (der neue Freund in der ganz ›toten Stadt‹!) Hollywood, Weihnachten 1956.«[53] Wien war tot gemeint, Hollywood ebenso – wenngleich auf andere Weise. Nun schien die »Die tote Stadt« für die Fachwelt tot zu sein; Korngolds Musik wurde als altmodisch abgetan, jener Ästhetik entgegenstehend, die nach dem Krieg zeitgenössische Musik zu repräsentieren hatte. Luzis Resümee unterstreicht dies:

> Dann kam die erste große Überraschung: nach dem Marietta-Duett brach spontaner und ungeheurer Beifall aus. Durch drei Minuten wurde applaudiert, gerufen, getrampelt. […] das Werk, das unter allen Anzeichen eines überwältigenden Erfolges auferstanden war, wurde am nächsten Tag von den Münchner Zeitungen vernichtet. Ein Blatt schrieb sogar: »Die tote Stadt bleibt tot.«[54]

Stilistische Normen, die Korngold aus der Sicht der Kritik nicht erfüllte, waren die eine Seite. Die Abwehrhaltung gegenüber den rückkehrenden Vertriebenen eine andere. Meinte Zeisl 1946, dass Wien »vielmehr entnazt sein« müsste, »ehe« er sich »hintraute«,[55] so konstatierte dessen in die Vereinigten Staaten geflüchteter Lehrer Richard Stöhr noch im Jänner 1954 anlässlich eines Wienaufenthalts, dass er Korngolds Namen »nicht ein einziges mal« »in einem Wiener Blatt gelesen« habe. Es schien Stöhr, also ob »auch da das Hitler Gift noch als das einzige Dauerhafte vom Krieg übrig geblieben«[56] wäre. 1955 reiste Korngold enttäuscht von seinem Europaaufenthalt in die Vereinigten Staaten zurück. Das enteignete Gut Höselberg ging 1949 devastiert in den Besitz der Korngolds zurück, 1955 verkauften sie das Anwesen an die Gemeinde Gschwandt bei Gmunden. Erich Wolfgang Korngold kehrte seiner ehemaligen Heimat Österreich nun auch innerlich den Rücken. Im Alter von nur 60 Jahren verstarb er 1957 in Los Angeles, dort vereint ihn die letzte Ruhestätte am Hollywood Forever Cemetery mit vielen anderen Größen der Filmwelt.

Anmerkungen

1   Archiv der Stadt Linz, Nachlass Hedda Wagner, Karton 14, Kirchenmusik, Sonstige Werke, Entwürfe und Notizen: Trio für Violine, Violoncello und Klavier (1934), Gmunden, der Mutter Anna Wagner zugeeignet.
2   Korngold, Luzi, Erich Wolfgang Korngold. Ein Lebensbild. Wien 1967, S. 59.
3   Vgl. Stadtmuseum Gmunden, Unsignierter Bericht zum Erwerb von Schloss Höselberg in Gschwandt bei Gmunden durch das Ehepaar Erich Wolfgang und Luise Korngold im Jahr 1933 plus Kaufvertrag.
4   Korngold, wie Anm. 2, S. 60.
5   Willy Strecker (Inhaber des Schott Verlags) an Erich Wolfgang Korngold, 22.06.1931. Zit. n. Wagner, Guy, Korngold. Musik ist Musik. Berlin 2008, S. 259 f.
6   Willy Strecker an Erich Wolfgang Korngold, 24.08.1933. Zit. n. ebd., S. 262.
7   Abendroth, Walter, Opernideale der Rassen und Völker, in: Die Musik 28. Jg., 1. Hj. (1935/36), S. 424.
8   Ebd., S. 424 f.
9   Erich Wolfgang Korngold an Willy Strecker, 23.09.1933 (ÖNB 1283/9-8).Zit. n. Wagner, wie Anm. 5, S. 262 f.
10 Korngold, wie Anm. 2, S. 63.

11 Ebd., S. 65.
12 Ebd.
13 https://www.youtube.com/watch?v=YEqx-aTbwlA (letzter Zugriff: 17.01.2022).
14 Korngold, wie Anm. 2, S. 71.
15 Ebd., S. 72.
16 Ebd., S. 73.
17 Ebd., S. 76.
18 The Library of Congress, Washington, Erich Wolfgang Korngold Collection, Emil Wolf an Erich Wolfgang Korngold, 10.01.1939. Anmerkung: Die von den Nationalsozialisten eingeführten Begriffe und Institutionen sind unter Anführungszeichen gesetzt.
19 Ebd., Emil Wolf an Erich Wolfgang Korngold, 10.01.1939.
20 Ebd., Emil Wolf an Erich Wolfgang Korngold, 20.11.1939.
21 Ebd., Emil Wolf an Erich Wolfgang Korngold, 14.12.1939.
22 Oberösterreichisches Landesarchiv, Arisierungsakten, Korngold Erich Wolfgang und Luise, Gschwandt, Schachtel 16, Mappe 10.
23 Ebd., Reichsstatthalterei (RSH) an Reichsarbeitsdienst, 30.05.1940.
24 Ebd., NSDAP Gaupersonalamt Wien an die RSH Oberdonau, 20.08.1940.
25 Ebd., RSH Oberdonau an Rechtsanwalt Max Vladimir Allmayer-Beck, August 1940.
26 Ebd., Reichsminister für Ernährung und Landwirtschaft an Rechtsanwalt Max Vladimir Allmayer-Beck, 11.01.1941.
27 Walzer, Tina/Templ, Stephan, Unser Wien. »Arisierung« auf österreichisch. Berlin 2001, S. 63.
28 Zit. n. Rosenkranz, Herbert, Verfolgung und Selbstbehauptung. Die Juden in Österreich 1938 – 1945. Wien/München 1978, S. 39.
29 Korngold, wie Anm. 2, S. 78.
30 Erich Wolfgang Korngold an Erich Zeisl, 25.09.1949. Zit. n. Wagner, Karin (Hg.), … es grüsst Dich Erichisrael. Briefe von und an Eric Zeisl, Hilde Spiel, Richard Stöhr, Ernst Toch, Hans Kafka u. a. Wien 2008, S. 251.
31 Ebd., S. 251 f.
32 Hanns Eisler an Erich Zeisl, undatiert. Zit. n. ebd., S. 113.
33 Vgl. ebd., Briefwechsel Hans Kafka mit Erich Zeisl.
34 Erich Zeisl an Hilde Spiel, undatiert. Zit. n. ebd., S. 130.
35 Schönberg, Arnold, Ins Paradies vertrieben. In: Ders.: Stil und Gedanke. Aufsätze zur Musik. Herausgegeben von Ivan Vojtech. Frankfurt am Main 1976, S. 326.
36 CD-Booklet, Decca 475 053-2, Matthias Goerne (Bariton), Eric Schneider (Klavier), Hanns Eisler, The Hollywood Songbook. Booklet-Text: Dümling, Albrecht, Liedtexte: Bertolt Brecht, Fünf Elegien. UK 2003, S. 24.
37 Erich Zeisl an Hilde Spiel, 17.05.1946. Zit. n. Wagner (Hg.), wie Anm. 30, S. 205.
38 Korngold, wie Anm. 2, S. 81.

39 Viertel, Salka, Das unbelehrbare Herz. Erinnerungen an ein Leben mit Künstlern des 20. Jahrhunderts. Berlin 2012, S. 346.
40 Ebd.
41 Ebd.
42 Ebd., S. 347.
43 Ebd.
44 Korngold, wie Anm. 2, S. 66.
45 Ebd., S. 68.
46 Ebd.
47 Erich Wolfgang Korngold an Erich Zeisl, 27.07.1955. Zit. n. Wagner (Hg.), wie Anm. 30, S. 339.
48 Erich Wolfgang Korngold an Erich Zeisl, 30.12.1955. Zit. n. ebd., S. 340.
49 Korngold, wie Anm. 2, S. 98.
50 Hugo Strelitzer an Erich Zeisl, 15.05.1955. Zit. n. Wagner (Hg.), wie Anm. 30, S. 314.
51 Ebd.
52 Ebd., S. 316.
53 Nachlass Erich Zeisl, Barbara Zeisl-Schoenberg, Los Angeles, Klavierauszug »Die tote Stadt«, Widmung Erich Wolfgang Korngold an Erich Zeisl.
54 Korngold, wie Anm. 2, S. 99.
55 Erich Zeisl an Hilde Spiel, undatiert. Zit. n. Wagner (Hg.), wie Anm. 30, S. 232.
56 Richard Stöhr an Erich Zeisl, 25.01.1954. Zit. n. ebd., S. 291.

Der Sieg der Lebensfreude

Das Instrumentalwerk Erich Wolfgang Korngolds in Beispielen

von Gottfried Franz Kasparek

Erich Wolfgang Korngolds Musik ist in den letzten Jahrzehnten nicht nur in die Opernhäuser, sondern auch in die Konzertsäle zurückgekehrt. Die Werkliste enthält im Bereich Klavier- und Kammermusik unter anderem drei Klaviersonaten, drei Streichquartette, ein Streichsextett, ein Klaviertrio und ein Klavierquintett sowie eine Reihe von Suiten und Charakterstücken. Drei große Chorwerke aus Korngolds Zeit in Kalifornien harren noch der europäischen Entdeckung, darunter befindet sich eine Hymne nach hebräischen Gebeten, ein rares Zeugnis für die späte Beschäftigung des völlig assimilierten Komponisten mit seinen jüdischen Wurzeln. Was Orchesterwerke betrifft, hat es das Violinkonzert zu einem Repertoirestück gebracht, auch wegen des Einsatzes von großen Geigern und Geigerinnen wie Jascha Heifetz, Benjamin Schmid und Arabella Steinbacher. Den anderen Stücken begegnet man nach wie vor selten, was schade ist, denn Werke wie die »Märchenbilder« des 13-jährigen, die Sinfonietta op. 12, die »Baby-Serenade« (für Frau und Kind und im Gegensatz zur prunk-

38 Szenenfoto aus »Der Schneemann« (»Blatt der Hausfrau«, 20. November 1910).

vollen »Sinfonia domestica« des Richard Strauss eine ausnehmend hübsche Petitesse) und ganz besonders die späte Sinfonie in Fis zählen zum wertvollsten Bestand der Spätromantik. Eher findet man die Ballettpantomime »Der Schneemann« aus dem Jahr 1908, die noch der Lehrer Alexander Zemlinsky instrumentiert hatte, und die kostbare, kreativ auf Mendelssohns Spuren wandelnde, 1920 für das Wiener Burgtheater entstandene Schauspielmusik zu Shakespeares »Viel Lärm um Nichts« in Konzertprogrammen.

Klaviertrio und Streichquartette

Es ist hier nicht der Platz für eine Gesamtschau auf Korngolds Instrumentalwerk – darum konzentrieren wir uns auf einige Stücke, die repräsentativ dafür sind. Und beginnen mit jenem Stück des Wunderkinds, das ihn schlagartig berühmt machte. Bei der Wiener Erstaufführung des Klaviertrios am 11. Dezember 1910 saß Bruno

39 Erich Wolfgang Korngold 1921 (»Moderne Welt«, 2. Jg., Heft 11).

Walter am Klavier, der Geiger Arnold Rosé und der Cellist Friedrich Buxbaum, beide Wiener Philharmoniker, waren die ebenso hochkarätigen Partner. Ihr Einsatz galt dem Werk eines wahrlich Frühvollendeten von »geradezu erschreckender Begabung«, wie der ältere Kollege Engelbert Humperdinck feststellte. Der Kopfsatz ist von wundersam wienerischer Musizierlust bestimmt; Korngolds typische, eingängig-emphatische Melodik ist trotz manch harmonischer Erinnerungen an Richard Strauss bereits unverkennbar da, ebenso die meisterhafte Verarbeitung der Themen. Das virtuos eingesetzte Klavier lässt den Streichern immer wieder Platz zur Entfaltung schwärmerischer Aufschwünge. Das ebenso frische, unbekümmerte wie erstaunlich reif mit Tonarten spielende Scherzo ist voll überraschender Wendungen und klanglicher Experimente. Das Cello beginnt das nachdenklich versponnene Larghetto, welches in zwischen Lyrik und Dramatik changierende Empfindungswelten vordringt, die man einem 12-jährigen Knaben gar nicht zutrauen würde. Das Spiel mit superben Klangwirkungen bestimmt das Finale, in dem ein gar nicht so schwelgerischer, eher ironisch unterlegter Wiener Walzer mitschwingt.

Die drei Streichquartette entstanden im Abstand von jeweils etwa zehn Jahren. Das erste in A-Dur op. 16, komponiert 1920 bis 1923, hatte freilich schon einen Vorläufer. Denn im Nachlass von Marcel Prawy (1911 – 2003) fand sich das Manuskript eines Quartetts, welches sich als frühere Version des 1916 fertiggestellten Streichsextetts entpuppte. Das aus den Jahren 1913/14 stammende Quartett wurde allerdings bis heute weder veröffentlicht noch aufgeführt. So bleiben wir bei der bisherigen Zählung. Arnold Rosé hatte mit seinem erweiterten Quartett auch das Sextett mit rauschendem Erfolg uraufgeführt. Er war es wahrscheinlich, der Korngold dazu anregte, ein Streichquartett zu schreiben, und er präsentierte es auch am 8. Jänner 1924 erstmals in Wien. Es folgte eine Tournee des Rosé-Quartetts, welche Korngolds Werk auch nach London brachte. Im selben Jahr 1925 spielte es das sonst eher mit Schönberg in Zusammenhang stehende Kolisch-Quartett bei den Weltmusiktagen der Internationalen Gesellschaft für Neue Musik in Venedig, woran man sieht, dass die Gräben zwischen den verschiedenen Schulen und Stilen zeitgenössischer Musik damals noch nicht so tief waren wie später. Im ersten Satz des Stücks gibt es trotz der lyrischen Grundstruktur überraschend heftige Dissonanzen und sogar clusterartig Akkorde. Manches in diesem Stück erinnert durchaus an den frühen, noch tonalen Schönberg. Im zweiten Satz kontrastieren elegische Stimmungen mit leidenschaftlichen Aufwallungen. Im folgenden heiteren Intermezzo ist die Virtuosität der Interpreten gefordert. Über das Finale steht von Korngolds Hand geschrieben »Wenn Vögel singen tirelirellei, süß' Liebe liebt den Mai« – ein Zitat aus William Shakespeares »Wie es euch gefällt« in der Übersetzung von Schlegel und Tieck, die im Hause Korngold neben Lessing, Goethe, Schiller und Grillparzer zum selbstverständlichen Bildungsgut gehörte. Das darauf beruhende Hauptmotiv, eine aus aufsteigenden Quarten bestehende Melodie, findet man als »Motiv des fröhlichen Herzens« in vielen Varianten in fast allen wichtigen Werken Korngolds, bis hin zur letzten Oper »Die Kathrin«. Ein Lebensmotto, trotz alledem ... Dazu passt der unwiderstehlich schwungvolle Marsch, der das zweite Thema dieses kunstvoll gebauten »Allegretto amabile e comodo« bildet.

Obwohl im Detail oft wagemutig, blieb Korngold auch in den beiden weiteren Quartetten seiner spätromantischen Klangsprache treu. Und diese ist nicht eklektisch, jedenfalls nicht mehr als die eines Mozart, der seinen Vorbildern Joseph Haydn und Johann Christian Bach einfallsreich und originell folgte. Musik von Korngold ist an ihren unverwechselbaren Lyrismen, ihrem irisierenden Zauber, auch an ihrer innerlich pochenden Dramatik sofort zu erkennen und zu unterscheiden von der seiner Geistesverwandten wie Alexander Zemlinsky oder Franz Schmidt. Natürlich nahm er begierig seine Umgebung auf, natürlich lugen manchmal Maurice Ravel und Giacomo Puccini um die Ecke. Doch das Ergebnis ist ebenso persönlich wie jenes eines Schostakowitsch, dem Tschaikowsky und Mahler über die Schultern schauen. Ja, auch von Mahler hat Korngold mit Tönen malen gelernt, ohne dessen tragische Gebärde nachzuahmen. Mahler beschwört die Schönheit oft in heller Verzweiflung, Korngold stellt sie meist als alternative Vision zum Grauen des Alltags dar.

Das zweite Streichquartett in Es-Dur entstand großteils im Sommer 1933 im Ferienwohnsitz Schloss Höselberg bei Gmunden, kurz bevor der Komponist erstmals nach Hollywood aufbrach. Da war er in Deutschland bereits unerwünscht. Das Stück strahlt denn auch eine gewisse herbstlich anmutende Melancholie aus, die sehr wienerisch formuliert ist und dazu die idyllische oberösterreichische Landschaft spiegelt. Der erste, spielfreudige Satz und das gleichsam lächelnde, charmante Intermezzo lassen an Johann Nestroys Feststellung, die schönste Nation sei die Resignation, denken. Im Larghetto herrscht nostalgische Schwermut, doch das ausgelassene Finale rettet sich in eine Hymne auf den Wiener Walzer, in dem ohnehin alles drinsteckt, Wehmut und Lebenslust, die zuletzt den Sieg davonträgt. Wiederum hob das Rosé-Quartett das neue Stück aus der Taufe, am 16. März 1934 in Wien. Als erstes Werk Korngolds konnte es nicht mehr bei seinem deutschen Verleger Schott erscheinen.

Im kalifornischen Exil schrieb Korngold 1944, nachdem er seit 1938 fast nur Filmmusik geschrieben hatte, das dritte Quartett in D-Dur.

40 Luzi und Erich Wolfgang Korngold mit ihren Kindern 1936 auf der Schiffsreise in die USA.

Es hält mit einer Spieldauer von gut 25 Minuten etwa die Mitte zwischen dem ersten und dem zweiten Quartett und ist linearer und weniger spielerisch aufgebaut als die Vorgänger, aber dennoch positiv gestimmt. Und es ist das erste Werk, in dem Korngold auf Motive aus seiner Filmmusik zurückgreift. Nicht im nostalgisch wirkenden Kopfsatz, der die alte Sonatensatzform brillant verarbeitet, aber im vom ersten Takt an mitreißend tänzerischen Scherzo, dessen harte Rhythmik an Bartók denken lässt. Da taucht im kurzen, sinnlichen, von leiser Trauer umwobenen Trioteil die Mystik des im selben Jahr gedrehten Films »Between Two Worlds« (1944) auf. Befand sich nicht auch Korngold zwischen zwei Welten, alter und neuer, zwischen der Tradition und einer Moderne, deren Postmoderne er vorwegnahm? Im langsamen Satz sind sie wieder da, die steigenden Quarten, diesmal »like a Folk Tune«, und das wunderschön traurige Volkslied stammt aus dem Jack-London-Film »The Sea Wolf« (1941). Dagegen ist das Finale mit dem Lebensmotiv des fröhlichen Herzens unermüdlich fröhlich und bezieht das hüpfende Hauptthema des Films »Devotion« (1943) über das Leben der Schwestern Brontë mit ein.

Drei Konzerte

Gerade ein Werk wie das Klavierkonzert (1923) zeigt, wie frei Korngold mit der Tradition verfahren ist. Bei allem Bekenntnis zur Tonalität ist dies ein innovatives Stück, eine einsätzige, gewaltige Fantasie, für Korngolds Verhältnisse eher spröde und in der Verknüpfung von Solopart und Orchester sinfonisch strukturiert. »Heldisch, mit Kraft und Feuer« ist das erste Thema überschrieben. Es zeichnet sich durch den für Korngold so typischen Aufwärtsschwung aus, der aber immer wieder gleichsam versiegt. Das zweite Thema, »Ruhig, weich und gesangvoll«, bildet den lyrischen Gegensatz dazu. Scherzo-Charakter hat der dritte Abschnitt, »Ziemlich rasch, burlesk und lustig«. Mit Nachklängen des Makart-Pomps, verinnerlichtem Impressionismus und einer wahren Klangfarben-Magie verdichtet sich die Stimmung zwischen opernhaftem Effekt und einem Reigen, »schwebend, mit

41 Korngold in der Karikatur von Erich Weiss 1920 (»Moderne Welt«, 2. Jg., Heft 4).

Anmut«, zu einer mystischen Traumwelt. Der höchst anspruchsvolle Klavierpart ist für Paul Wittgenstein bestimmt. Der bedeutende Pianist hatte im 1. Weltkrieg den rechten Arm verloren und beauftragte die erfolgreichsten Komponisten seiner Zeit mit Klavierwerken für die linke Hand. Neben Maurice Ravels populärem Beitrag kann Korngold eigenwillig bestehen.

Sein einziges Violinkonzert skizzierte Korngold schon in den späten 30er Jahren. Doch erst 1945, im Jahr des Kriegsendes und des Todes seines ebenfalls emigrierten Vaters, kam es zur Vollendung des Werks. Es war Alma Mahler, der Witwe seines einstigen Mentors, gewidmet, und ursprünglich einem alten Freund aus Wiener Tagen, dem Geiger Bronislaw Hubermann, zugedacht. Doch Hubermann starb überraschend und so spielte ein anderer Stargeiger, Jascha Heifetz, die Uraufführung. Heute zählt es zu den meistgespielten Violinkonzerten des 20. Jahrhunderts. Die Balance von lyrischem Melodienreichtum und virtuoser Brillanz war Korngold wichtig. Mit Heifetz war er glücklich: »Er ist Caruso und Paganini in einer Person.«

Bei den Salzburger Festspielen 2004 spielte am 24. Juli der Salzburger Weltklassegeiger Benjamin Schmid das Konzert mit den Wiener Philharmonikern unter der Leitung von Seiji Ozawa. Mit dieser Besetzung wäre Korngold sicher auch glücklich. Schmid hat sich das Konzert ganz zu eigen gemacht, ja es ist eines der Stücke, die er sehr oft und weltweit und immer mit größtem Erfolg spielt. Was Wilhelm Sinkovicz 2004 in der Zeitung Die Presse (übrigens als einer der Nachfolger Julius Korngolds) schrieb, gilt nach wie vor:

> Schmid verfällt nicht in die Versuchung, es Heifetz und seiner klassischen, auf Schallplatten dokumentierten Interpretation gleichtun zu wollen, er führt Korngolds Musik vielmehr aus der Heroen-Attitüde zurück in beinahe kammermusikalische Regionen, bei denen sich der von den philharmonischen Musikern subtil und sozusagen automatisch erzeugte, vielfach changierende Schönklang Mahler'scher Prägung mit den zerbrechlich biegsamen, aber doch immer weit geschwungenen Phrasen des Solisten verschwistern kann.

Das Ereignis ist auf CD festgehalten.

Dass Korngold etliche Hauptthemen des Stücks Filmmusiken entnahm, sorgte in Europa für harsche Kritik. Doch die Qualität von Korngolds Einfällen ist in den Zelluloid-Dramen nicht geringer als in seinen Opern und die harmonische Verarbeitung geschieht nach allen Regeln spätromantischer Kunst. Aus »Another Dawn« (1937) und »Juarez« (1939) stammen die Themen des ersten Satzes. Die typische Korngold-Melodie, eine aus latenter Wehmut geradezu wollüstig aufsteigende, einprägsame Tonfolge, triumphiert, obwohl gegen Ende dissonante Akzente im Orchester überraschen. Das schwärmerische Hauptmotiv der Romanze hatte seinen ersten Auftritt 1936 im Film »Anthony Adverse«, doch Korngold umgibt es im Konzert mit einem luziden Gespinst von orchestralen Stimmungen und fügt neue Gedanken hinzu. Im mitreißenden Finale begegnen wir einem irischen Jig, zu dem das zweite, poesievolle Thema aus der Verfilmung von Mark Twains »The Prince and the Pauper« (»Der Prinz und der Bettelknabe«, 1937) mit Errol Flynn wirkungsvoll kontrastiert. Am Ende umspielt die virtuose Violine eine wahre Siegesfanfare, die von der zeitlosen Kraft der Melodie kündet.

»Mein Ziel war stets, für den Film eine Musik zu schreiben, die seiner Handlung und Psychologie gerecht wird und die sich trotzdem – losgelöst vom Bild – im Konzertsaal behaupten kann«, schrieb Korngold. Im Film »Deception« (1946) geht es um die Dreiecksgeschichte zwischen einem Cellisten, einem Komponisten und dessen Schülerin. Letztere, dargestellt von Bette Davis, spielt das ihr gewidmete Konzert, nachdem sie den Komponisten erschossen hat. Da das von Korngold dafür gedachte Stück im Film stark gekürzt werden musste, veröffentlichte er es als Cellokonzert op. 37. Eher ist es ein Konzertstück, da es nur knapp eine Viertelstunde dauert. Deswegen ist es schwer in Konzertprogrammen unterzubringen – aber wie wäre es, wenn zum Beispiel danach Max Bruchs »Kol Nidrei« erklingt, als kontemplative Trauermusik? Korngolds Stück ist eine kurze »Oper ohne Worte«, schillernd zwischen C-Dur und c-Moll, Energie und Poesie und noch dazu sehr dankbar, was die Solostimme betrifft.

Die große Sinfonie

Die Sinfonie in Fis op. 40, komponiert 1951/52, ist das letzte große Werk Korngolds für Orchester. Darauf folgten 1953 nur noch zwei kurze, aber effektvolle Stücke für amerikanische Schulorchester, »Theme and Variations« op. 42 und »Straussiana«, zum Abschied also noch einmal eine Liebeserklärung an Johann Strauss, zum Großteil basierend auf Melodien aus dessen verunglückter Oper »Ritter Pázmán«. Über die Sinfonie, Korngolds längstes, über 50 Minuten dauerndes Orchesterstück, schrieb der große Dirigent Dimitri Mitropoulos 1959: »Mein Leben lang habe ich das ideale moderne Werk gesucht. Ich habe es in dieser Sinfonie gefunden. Ich werde sie nächste Saison dirigieren.« Leider hinderte ihn sein Tod daran. Auch Bruno Walter, der sich ähnlich äußerte, konnte das Werk nicht mehr dirigieren. Wir erinnern uns – Bruno Walter hatte 1910 in der ersten Korngold-Uraufführung überhaupt Klavier gespielt. Die Uraufführung der Sinfonie fand in Anwesenheit des Komponisten am 17. Oktober 1954 im Großen Sendesaal des Wiener Rundfunks statt mit den Wiener Symphonikern unter Harold Byrns, mit dem Korngold nicht zufrieden war. Das Publikum und diesmal sogar die Presse reagierten positiv. Zu Lebzeiten des Komponisten erklang das Werk noch in München unter Jan Koetsier und in Graz unter Alois Melichar, dann ruhte es bis 1972, als Rudolf Kempe es mit den Münchner Philharmonikern aufführte und aufnahm. Es folgte erst 1988 Werner Andreas Albert mit der Nordwestdeutschen Philharmonie. Mittlerweile haben sich auch Dirigenten wie Franz Welser-Möst, Marc Albrecht, André Previn, Bertrand de Billy und Dennis Russell Davies für das Werk eingesetzt.

Die Sinfonie ist dem Gedenken an den US-amerikanischen Präsidenten Franklin D. Roosevelt gewidmet. Wohl ein Akt persönlicher Dankbarkeit. Erich Wolfgang Korngold verdankte den USA die Sicherheit seines Lebens seit 1938. Ist das Werk, wie Burkhard Schmilgun schreibt, »die Summe seines Lebenswerks«, in dem sich »Resignation, Verzweiflung und optimistische Zuversicht« die Waage halten? Dafür spricht viel. Im ersten Satz, »Moderato, ma energico«, denkt man mehr an Gustav Mahler und an Dmitri Schostakowitsch als jemals zuvor bei Korngold. Die schroffen, synkopierten Schläge des mit Klavier, Celesta, Harmonium, Marimba und Xylofon verstärkten großen Orchesters eröffnen einen gespenstischen Totentanz, der voll rhythmischer Gebrochenheit steckt. Modernere Musik hat Korngold nie geschrieben. Der zaghafte Trost, den die Holzbläser gegen Ende dieses Panoramas des Grauens spenden, verhallt in düsteren Paukenwirbeln, ersterbenden Pizzicati und liegenden Streichertönen. Dagegen setzt das Scherzo eine – oberflächlich gehört – wirbelnde Tarantella-Stimmung mit festlichen, amerikanisch freudigen Blechfanfaren, doch darunter brodelt es merkbar mit hastigen Figurationen. Die beiden kurzen Trio-Einschübe wirken wie wehmütige Erinnerungen.

Im zentralen Adagio setzt Korngold formal sicher bewusst die Tradition der Sinfonik Bruckners und Mahlers fort. Zwar stammt das Hauptthema aus der Musik zum Film »Anthony Adverse« (1936), dessen deutscher Titel »Ein rastloses Leben« mehr mit der Musik zu tun hat als dessen abenteuerliche Handlung, doch beeindruckt hier die

42 Filmplakat zu »Anthony Adverse«, 1936.

Spannung zwischen tiefer Trauer und jenem amerikanischen Optimismus, der ein wenig naiv erscheinen mag, aber für im Grunde lebensfroh timbrierte Menschen wie Korngold in der Emigration sehr wichtig gewesen ist. Der Satz verdichtet sich zu einem Abgesang auf »eine für immer verlorene Zeit«, erklimmt emotionale Höhepunkte und endet in leiser Resignation. Dagegen befinden wir uns im Finale in einer »Neuen Welt« der Musik. Die selten, meist nur im Barock anzutreffende Satzbezeichnung »Allegro gaio« ist eigentlich eine Verdoppelung und bedeutet so viel wie »fröhliche Heiterkeit«. Und tatsächlich werden nun alle düsteren Gedanken verdrängt. Es tritt sozusagen Errol Flynn als Held auf und besiegt das Böse. Auch die Form verwandelt sich – sie wird rhapsodisch, kaleidoskopartig, voll jäher Abspaltungen von Motiven, voll plötzlich auftretender, mitunter auch poesievoller Episoden. Das Leben kann manchmal wie ein spannender Abenteuerfilm sein.

Verwendete Literatur

Carroll, Brendan G., Booklet zu: Korngold: Die Streichquartette. Colchester/Essex 2010.

Schmilgun, Burkhard, Booklet zu Korngold, Orchesterwerke 3 und 4. Georgsmarienhütte 1991.

Korngolds Frack bei der Oscar-Verleihung

Requisiten von Erich Wolfgang Korngold im Exilarte Zentrum

von Nobuko Nakamura

In Wien, Lothringerstraße 18, ist in der Mitte eines Ausstellungsraums im Akademiegebäude an der Ecke zwischen Wiener Konzerthaus und Akademietheater ein historischer Frack, vermutlich aus dem Jahr 1938, zu bewundern. Dieser Frack, bestehend aus Frackrock und Frackhose, wurde von Erich Wolfgang Korngold getragen, als er für die Filmmusik im Film »The Adventures of Robin Hood« (1938) den Oscar gewann. Auf einem Foto von der Oscarverleihung ist Korngold als Träger des ausgestellten Fracks zu erkennen.

Das Akademiegebäude ist stark mit Korngold verbunden. Korngold hat hier auch unterrichtet. Dieses Gebäude war, ab dem Jahr 1913, der Hauptstandort der Akademie für Musik und darstellende Kunst (heute Universität für Musik und darstellende Kunst Wien), bis der heutige Campus am Anton-von-Webern-Platz im Jahr 1996 diese Funktion übernahm. Korngold unterrichtete Musiktheorie seit Herbst

43 Korngold-Requisiten in der Ausstellung des Exilarte Zentrums (Wien, 2017).

1927 und erhielt den Professortitel im April 1930.[1] In den Studienjahren 1931/32 wurde er zum Studienleiter für die Opernklassen ernannt und probte Eugen d'Alberts Oper »Tiefland« mit dem Regisseur Lothar Wallerstein (1882–1949) sowie dem Kapellmeister Robert Heger (1886–1978). Als Korngold eines Tages eine Opernklasse im Unterricht anstelle von Heger dirigierte, war er über einen Schüler, der das Englischhorn nicht gut genug spielte, verärgert und legte beim Rektor Protest ein. Luzi Korngold schrieb später in ihren Memoiren darüber:

Korngold brach die Probe ab und begab sich geradewegs zum Präsidenten der Akademie, dem er nahelegte, entweder einen anderen Englischhornbläser zu finden oder den Plan, »Tiefland« aufführen zu wollen, fallenzulassen. Der Präsident antwortete mit begütigenden, echt wienerischen Einwänden. Erich aber verließ zu dieser Stunde nicht nur das Zimmer des Präsidenten, sondern auch das Akademiegebäude für immer.[2]

Das Zimmer, in dem sich Korngold mit dem Rektor (in Luzis Memoiren: »Präsidenten«) vermutlich gestritten hat, befindet sich im 1. Stock des Akademiegebäudes. Es beherbergt heute das Exilarte Zentrum, das 2006 von Dr. Gerold Gruber, Professor der Universität für Musik und darstellende Kunst Wien, als NPO gegründet wurde. Das Zentrum ist seit 2016 ein Institut der Universität und versteht sich als Forschungsstätte für Musiker:innen, die während der NS-Zeit verfolgt oder ermordet wurden, vor allem mit österreichischem Bezug. Das Zentrum hat sich zum Ziel gesetzt, »viele fehlende Teile endlich wieder in die Kulturkette einzugliedern«.[3] Es hat bereits 25 Nachlässe aufgenommen (Stand 2022) und erweckt die fast in Vergessenheit geratene Musik wieder zum Leben, durch verschiedene Aktivitäten wie Archivierung, Ausstellungen im eigenen Ausstellungsraum, Konzerte, CD-Produktionen, Symposien sowie Herausgabe von Publikationen.

Mit der Ausstellung »Wenn ich komponiere, bin ich wieder in Wien« wurde im Frühjahr 2017 der Ausstellungsraum des Exilarte Zentrum eröffnet. Kathrin Korngold Hubbard, Enkelin und Rechtsnachfolgerin von Korngold, stellte dem Zentrum den erwähnten Frack zur Verfügung, und nicht nur dieses Kleidungsstück, sondern auch eine goldene Füllfeder, die Max Reinhardt Korngold schenkte, einen goldenen Druckbleistift mit Gravur »EWK«, eine silberne Pillendose für Saccharin sowie ein Tablett mit Streichholzetui, Aschenbecher und Tabakdose. Seither sind diese Korngold-Requisiten ein Highlight der Ausstellung.

* * *

Nun möchte ich etwas Persönliches erzählen. Ich bin genau ein Jahr vor der Eröffnung dieser Ausstellung nach Wien gezogen und habe angefangen, im Exilarte Zentrum zu arbeiten. Als High-School-Schülerin war ich von »Pierrots Lied«, das Thomas Hampson im Fernsehen gesungen hat, fasziniert und begann, mich für den mir bisher unbekannten Komponisten Korngold zu interessieren – die Tatsache, dass sein Todestag mit meinem Geburtstag zusammenfällt, war wie vom Schicksal bestimmt! Anschließend studierte ich Musikwissenschaft an der Universität in Tokio, wo ich mich der Korngold-Forschung widmete. Ich organisierte auch eine Konzertserie ausschließlich mit Korngolds Musik, in der Absicht, die Bekanntheit des Komponisten zu befördern.

Während meines Masterstudiums besuchte ich die Library of Congress in Washington, D. C., und fand eine riesige Korngold Collection vor, die bisher nicht wirklich für Forschungen genutzt worden war. Ich fühlte mich berufen, diese Collection für Forschende noch leichter zugänglich zu machen, mir war aber bewusst, dass diese Aufgabe für mich allein zu schwierig sein würde. Als ich zur gleichen Zeit erfuhr, dass Gerold Gruber in Wien die Gesamtausgabe von Werken Korngolds und die Erstellung eines Quellenverzeichnisses plante, kontaktierte ich ihn und entschied, nach Wien zu gehen.

Einige Monate bevor ich nach Wien zog, hatte ich die Gelegenheit, Portland in Oregon zu besuchen und Kathrin Korngold Hubbard zu treffen. Da sie mit Gerold Gruber und Michael Haas, Researcher und CD-Produzent, der ebenfalls seit langem im Exilarte Zentrum arbeitet, in engem Kontakt stand, war sie sehr erfreut über die Tatsache, dass ich mit den genannten Personen künftig zusammenarbeiten würde. Sie lud mich zur Teestunde »im Namen von Korngold« ein, »It's Korngold ›K‹oincidence«, sagte sie.

* * *

Die Ausstellungen im Exilarte Zentrum haben wir bisher dreimal neu gestaltet. Seit Herbst 2020 widmet sich eine temporäre Ausstellung dem Traumpaar in Opern und Operetten unter dem Titel »Mein Lied für Dich – Marta Eggerth und Jan Kiepura zwischen zwei Welten«. Den Nachlass der Bühnenkünstler:innen, die mit Erich Wolfgang Korngold befreundet waren, hat vor kurzem das Zentrum übernom-

44 George Korngold, Adam Didur; Erich Wolfgang, Josefine, Ernst und Luzi Korngold; Tilly Eggerth und Jan Kiepura (v. l.) in Beverly Hills in Los Angeles, 1936.

men. Die schon erwähnten Korngold-Requisiten sind nach wie vor Bestandteile einer Dauerausstellung, jedoch ergänzt durch einen Neuzugang. Davon später.

Neu war auch die Auftragserteilung an die Wiener Maßschneiderin und Forscherin Ruth Sprenger, den Frack zu untersuchen. Sie hatte schon lange vorgehabt, die Maße dieses wunderbaren historischen Fracks zu nehmen. Leider war kein Hinweis auf dem Stoff zu finden, in welcher Schneiderwerkstatt der Frack hergestellt worden war. Ruth Sprenger stellte fest, dass der Schnitt der Frackhose »den körperlichen Vorgaben einer Dickbauchhose« entspreche. Beim Frackrock seien die Schultern »mit sehr viel Watte versehen – ein Hinweis auf schmale, abfallende Schultern«. Der USA-Einbürgerungsurkunde aus dem Jahr 1943 ist zu entnehmen, dass Korngold etwa 176 cm groß war und 96 kg wog.[4]

Der Zustand des Fracks ist »ausgezeichnet« und weist »keinerlei Mottenbisse oder Tragespuren« auf.[5] Ich hatte das Privileg, Ruth Sprenger bei der Untersuchung des Fracks zu beobachten, und war fasziniert von ihrer gründlichen, bis ins kleinste Detail gehenden Arbeitsweise, mit der sie die Maßanfertigung begutachtete und fotografierte. Lustigerweise zog sie aus der Tasche des Frackrocks ein zerknittertes Taschentuch hervor, dessen Falten vielleicht vom Abtupfen des Schweißes auf der Stirn herrühren. In diesem Moment war es mir, als stünde Korngold in seinem Frack direkt vor mir!

Der Neuzugang in der Ausstellung war die »Heliane«-Zigarettendose. Korngolds vierte Oper »Das Wunder der Heliane« wurde im Oktober 1926 in Hamburg uraufgeführt und hatte im gleichen Monat Wiener Erstaufführung. Austria Tabak, damals eine der größten Sponsoren der Wiener Staatsoper, benannte einige ihrer Produkte nach Musik-Stücken sowie nach Opern-Titeln und brachte zu Ehren Korngolds eine hochwertige und hochpreisige Zigarette namens »Heliane« auf den Markt. Darüber ist schon in Korngolds Biografien und anderen Quellen geschrieben worden, aber nun kommt die »Korngold ›K‹oincidence«! Lis Malina, die den Briefwechsel von Korngold mit seiner Familie im Buch »Dear Papa, how is you?« (2017) publizierte und auch in diesem Lesebuch mit einem Text vertreten ist, fand heraus, dass die historische Tabakdose sich im Besitz ihrer Mutter befindet. Zigaretten waren nicht mehr in der Dose, die Mutter benutzte sie, um darin ihr Nähzeug zu verstauen. Lis Malina und ich arbeiten seit der Veröffentlichung ihres Briefbuchs gemeinsam an einer Datenbank mit Korngolds Briefen im Exilarte Zentrum. Als Gerold Gruber und ich die erfreuliche Nachricht des Funds aus dem Haushalt der Familie Malina erhielten, beschlossen wir sofort, die schöne goldene Dose in der neuen Eggerth-Kiepura-Ausstellung zu präsentieren. Denn Jan Kiepura sang die Titelpartie in der Erstaufführung der Oper »Das Wunder der Heliane« in Wien.

* * *

Im Nachlass von Marta Eggerth und Jan Kiepura, der ins Exilarte Zentrum aufgenommen worden ist, befanden sich einige Dokumente, die

45 Konzert in der Hollywood Bowl mit Jan Kiepura (m.), Erich Wolfgang Korngold (vorn) und Frederick (Fritz) Zweig auf dem Podium im Juli 1942.

die private sowie künstlerische Beziehung der beiden Künstler:innen zu Korngold illustrieren: Fotos während der Dreharbeit des Films »Give Us This Night« aus dem Jahr 1935, als sie alle noch zwischen Europa und den USA reibungslos hin- und herreisen konnten, und Gruppenfotos der beiden gutgelaunten Familien Korngold und Kiepura in einem Garten im Neujahr 1936. Als Jan Kiepura, der als Pole mit jüdischer Herkunft auf Grund des »Anschlusses« Österreichs an Deutschland auch in die USA emigriert war, im Jahr 1942 Korngolds »Mariettas Lied« bei einem Konzert in der Hollywood Bowl sang, war Korngold bei der Probe dabei und Eggerth nahm die beiden Männer mit ihrem Fotoapparat auf. Diese Fotos sind ebenfalls im Nachlass zu finden. Am 29. Jänner 1938, als Korngold Europa gerade noch rechtzeitig vor dem »Anschluss« in Richtung Amerika verlassen konnte, waren das Paar Eggerth und Kiepura auf demselben Schiff, der »Normandie«. Damals ahnte Korngold noch nicht, dass er mehr als zehn

Jahre lang nicht in seine Heimat zurückkehren würde können, und so nahm er nur seine Frau und seinen zweiten Sohn mit (der erste Sohn ging in Wien zur Schule), um die Musik für den Film »The Adventures of Robin Hood« zu komponieren. Für diese Filmmusik wurde er mit einem Oscar ausgezeichnet, und der Frack, den er bei der Verleihung trug, ist, wie schon erwähnt, nun zusammen mit dem Eggerth-Kiepura-Nachlass ausgestellt.

Neben den Fotos im Eggerth-Kiepura-Nachlass hat das Exilarte Zentrum noch weitere Objekte mit Bezug zu Korngold. Der Nachlass des in Wien geborenen jüdischen Dirigenten und Komponisten Wilhelm Grosz (1894 – 1939) wurde 2018 dem Zentrum übergeben. Darunter befinden sich zwei Briefe, die der noch jugendliche Korngold aus seinem Sommerurlaub an Grosz geschickt hat. In einem dieser Briefe nennt Korngold die Bedingungen für die Miete einer Ferienwohnung in Gmunden, spricht über die Ausstattung der Wohnung sowie die anfallenden Kosten und gibt die Kontaktdaten der Vermieterin weiter. Korngold war auch derjenige, der für Grosz, der in Österreich und Deutschland Opern, Klavierwerke und Schlager komponierte, 1939 dessen Einreise in die Vereinigten Staaten ermöglicht hat. Korngold vermittelte Grosz an ein Filmstudio, er starb jedoch an einem Herzinfarkt, bevor er seine erste Filmmusik fertigstellen konnte.

* * *

Im Jahr 2022 werden die Korngold-Requisiten im Exilarte Zentrum durch eine Schenkung von Kathrin Korngold Hubbard erweitert. Diese wird umfassen: Korngolds private Bibliothek, einen Smoking (der ebenfalls von Ruth Sprenger untersucht werden soll) sowie die Gussform einer Büste von Korngold, die die Bildhauerin Anna Mahler (1904 – 1988) angefertigt hat. Es erübrigt sich wohl, darauf hinzuweisen, dass ihr Vater Gustav Mahler (1860 – 1911) zu Beginn von Korngolds glänzender Karriere erstaunt über dessen »Genialität« war! Nicht so bekannt ist, dass ihre Mutter Alma Mahler-Werfel (1879 – 1964) auch nach ihrem Exil in den USA mit der Familie Korngold in enger Verbindung blieb.

Die private Bibliothek besitzt derzeit Partituren und Klavierauszüge von anderen Komponisten, nicht aber von Korngold. Die Manuskripte sowie die gedruckten Noten von Korngold selbst wurden bereits an die Library of Congress und die Österreichische Nationalbibliothek vergeben. Die Partituren und Klavierauszüge von anderen Komponisten hat Korngold höchstwahrscheinlich nach seiner Niederlassung in Amerika erworben. Denn Korngold schrieb am 26. Mai 1938 in einem Brief nach Mainz, Deutschland:

> Ich selbst habe ja meine ganze Bibliothek (Bücher u. Musik) in Wien und kann, da das Haus aus mir unbegreiflichen, nicht näher bekanntgegebenen Gründen besetzt wurde, vorläufig nichts erhalten. Besonders dankbar wäre ich Ihnen, wenn Sie der Sendung meiner Kompositionen auch noch Ihre kleinen Partituren der Wagneropern, auch Klavierauszüge der Mozart- und Verdiopern, kleine Partituren von Beethoven- und Brahmssinfonien oder Ihre kleineren Stravinskyausgaben, kurz alles, was Ihnen leicht erreichbar und entbehrlich ist, beifügen könnten. Ich bin schon ein bischen [sic] musikhungrig geworden![6]

Der Brief ist an Willy Strecker adressiert, einen der Geschäftsführer von Schott, Korngolds Hauptverlag seit 1913. Auf diese Bitte hin wurden möglicherweise die im Zitat genannten Noten über den Ozean nach Hollywood geschickt, und kehren nun nach mehr als 80 Jahren nach Wien zurück.

In diesem Brief schrieb Korngold auch:

> Seither ist »Robin Hood« in ganz Amerika mit Sensationserfolg »aufgeführt« worden und ich habe mit meiner Musik […] meinen schönsten Triumph seit Beginn meiner Filmkarriere erlebt. Ich erhalte täglich aus allen Städten des Landes begeisterte Zustimmungsbriefe, am Vorabend der Premiere (in 350 Theater!) dirigierte ich die Musik am N. B. C.-Radio. Ich fürchte, ich fahre fort, meinem lieben alten Vaterlande weiter Schande zu bereiten …![7]

Vermutlich ironisch gemeint, aber doch tragisch anmutend, wenn Korngold so deutlich schreibt, sein Erfolg in Hollywood sei »Schande«! Ich wünschte, dass er Wien heute besuchen könnte, wo seine Musik, die er für die Bühne, den Konzertsaal und für Filmproduktionen schrieb, gleichermaßen geschätzt wird und auch zur Aufführung kommt. Ich wünschte auch, dass er das Exilarte Zentrum, eines der weltweit wichtigsten Forschungszentren zu Korngold, besuchen könnte. In der Mitte des Ausstellungsraumes im Akademiegebäude, in dem er einmal unterrichtet hat, hängt auf einem Kleiderbügel sein Frack, der an seinen Oscar für die beste Musik im Film »Robin Hood« erinnert, seinen »schönsten Triumph«.

Anmerkungen

1 Archiv der Universität für Musik und darstellende Kunst Wien, Standesausweis, Korngold Erich Wolfgang Prof.
2 Korngold, Luzi, Erich Wolfgang Korngold: Ein Lebensbild. Wien 1967, S. 53. Luzi schrieb die Jahre 1930/31, aber laut dem Standesausweis fand die Klasse 1931/32 statt.
3 Mission Statement des Exilarte Zentrum. Unter: www.exilarte.org (letzter Zugriff: 08.02.2022).
4 The United States of America, Certificate of Naturalization. Erich Wolfgang Korngold Collection, Music Division, Library of Congress.
5 Sprenger, Ruth, Frack von Erich Wolfgang Korngold. Studie zu einer historischen Maßanfertigung. September 2020 (unveröffentlicht).
6 Brief von Erich Wolfgang Korngold an Willy Strecker, datiert 26.5.1938. Sammlung von Handschriften und alten Drucken, Österreichische Nationalbibliothek (Autogr. 1283/10-2).
7 Ebd.

Eine gefeierte (Wieder-)Entdeckung

Erich Wolfgang Korngold bei den Salzburger Festspielen

von Kurt Arrer

Die Salzburger Festspiele widmeten Erich Wolfgang Korngold und seinem Werk im Sommer 2004 den Schwerpunkt der Programmreihe »Österreichische Exilkomponisten«, die sich in den Jahren zuvor auf Alexander von Zemlinsky und Egon Wellesz konzentriert hatte und in der auf Korngold Franz Schreker folgen sollte. Im Zentrum des Korngold-Schwerpunkts stand die Aufführung einer der größten Erfolgsopern der 1920er Jahre: »Die tote Stadt« in einer Neuinszenierung von Willy Decker; Donald Runnicles leitete die Wiener Philharmoniker, Angela Denoke und Torsten Kerl verkörperten und sangen die fordernden Hauptpartien. Diese in Zusammenarbeit mit der Wiener Staatsoper entstandene Produktion wurde zu einem umjubelten und auch von der Kritik einhellig gelobten künstlerischen Ereignis, dessen insgesamt sechs Vorstellungen restlos ausverkauft waren. Auch die Festspielkonzerte, die Korngolds anderem Schaffen gewidmet waren, waren sehr gut besucht und fanden ungeteilte Zustimmung.

46 Erich Wolfgang Korngold um 1910.

Dabei hatte Erich Wolfgang Korngold in den letzten Jahren seines Lebens in Kalifornien befürchten müssen – nach der großen Sensation als Wunderkind, nach seinem internationalen Operntriumph mit der »Toten Stadt« und der Popularität seiner Operettenbearbeitungen –, vor allem in seiner Heimat rascher Vergessenheit anheimzufallen. In den USA war ihm immerhin der glänzende Ruf des bedeutenden Komponisten für das Medium Film, ja der Ruf eines Pioniers sinfonisch durchkomponierter Filmmusik geblieben (auch wenn er sich von dieser Arbeit eigentlich schon bald nach Ende des Zweiten Weltkriegs zurückgezogen hatte).

Aber die Musikgeschichte des 20. Jahrhunderts verlief anders, vor allem anders, als der enttäuschte, ja über die musikalische Nachkriegsentwicklung erbitterte Komponist im kalifornischen Exil gemeint hatte. Nach der Brandmarkung der Komponisten jüdischer Herkunft und ihrer Werke als »entartete« und nach dem totalen Verbot von Aufführungen ihrer Werke durch die NS-Diktatur 1933 gab es 1945 einen enormen Nachholbedarf bei der Wiederentdeckung von Musikrichtungen und ihrer Vertreter, die das totalitäre »Dritte Reich« und seine willfährigen Kulturbeauftragten auszulöschen getrachtet hatten.

Unter den verfemt gewesenen Werken waren es zunächst vor allem die Sinfonien von Gustav Mahler, denen große Dirigenten, Orchester und die Zeichen der Zeit erkennende Konzertveranstalter in Österreich besonders seit den 1970er Jahren zum endgültigen Durchbruch verhalfen.

Es begann sich in der Musikwissenschaft und -kritik allmählich die Erkenntnis durchzusetzen, dass man nach 1945 der Schule um Arnold Schönberg, der Atonalität und der seriellen Musik allzu viel Aufmerksamkeit gewidmet hatte – zum großen und unberechtigten Nachteil einer Reihe bedeutender, ausgerechnet aus Österreich stammender Komponisten wie zum Beispiel Schreker, Zemlinsky und Korngold. Sie galten in der Epoche des Fin de Siècle, um 1900 und die ersten Jahre im zweiten Jahrzehnt danach, ebenfalls als »modern«, indem sie versucht hatten, die Musiksprache der Spätromantik weiterzuentwickeln und dabei durchaus eigene Wege zu gehen, ohne sich das Etikett »neu« an ihre Fahnen zu heften.

Von einem völligen Vergessensein Erich Wolfgang Korngolds konnte eigentlich ohnehin nie die Rede sein. In den USA war es sein jüngerer Sohn George, der in den 1970er Jahren die ersten Langspielplatten mit der Filmmusik seines Vaters produzierte und damit viel Anerkennung erfuhr. Die erste LP-Gesamtaufnahme der »Toten Stadt« fand ebenfalls in diesen Jahren, genauer 1975, statt. Aufnahmeort war München, wo der Komponist 1955 selbst noch eine vom Publikum begeistert aufgenommene Aufführung dieser Oper miterlebt hatte. »Die tote Stadt« wurde 1975 auch in New York wieder aufgeführt, nachdem die von Marcel Prawy an der Wiener Volksoper 1967 initiierte Inszenierung der »Toten Stadt« noch ohne größere Resonanz geblieben war. Das sollte sich ab den 1980er Jahren jedoch ändern. Die Deutsche Oper Berlin brachte ihre viel beachtete Neuinszenierung dieser Oper 1983 in der Regie von Götz Friedrich heraus, 1985 ging ihre Übernahme durch die Wiener Staatsoper über die Bühne. Weitere deutsche Opernhäuser versuchten auch die Wiederbelebung der vier anderen Opern Korngolds: beispielsweise 1988 Bielefeld »Das Wunder der Heliane«, 1993 Darmstadt »Violanta« und 1999 Trier »Die Kathrin«. Aber bis zur Verankerung der »Toten Stadt« in den Spielplänen vieler

47 »Kauf österreichische Waren!« – Karikatur Korngolds in »Der Morgen« vom 31. Oktober 1927.

Opernhäuser, buchstäblich zwischen Skandinavien und Italien, sollten doch noch einige Jahre vergehen. Der Bann war jedoch zu Gunsten Erich Wolfgang Korngolds gebrochen und der »Makel« des Filmkomponisten, der ihm vor allem in Mitteleuropa lange anhaftete, schwand zusehends.

In den frühen 1980er Jahren entstand auch die Internationale Korngold-Gesellschaft, und 1991 kam es zur wissenschaftlich begleiteten posthumen Veröffentlichung der Aufzeichnungen von Dr. Julius Korngold, dem Vater des Komponisten, unter dem Titel »Die Korngolds in Wien. Der Musikkritiker und das Wunderkind«. In den 1990er Jahren widmete sich die Firma Decca mit ihrer CD-Reihe »Entartete Musik« ebenfalls einigen Werken Korngolds und erhielt dafür viel Anerkennung. Am Beginn dieser viel beachteten Pionierleistung bei

CD-Veröffentlichungen stand 1992 die Studio-Gesamtaufnahme seiner ekstatischen Mysterienoper »Das Wunder der Heliane«, die in den späten 1920er Jahren ein Opfer des ausgerechnet vom Vater des Komponisten entfachten Stilrichtungsstreits geworden war und zum Leidwesen ihres Schöpfers nie die Bekanntheit der »Toten Stadt« erreicht hatte.

Die Veranstaltungen, Veröffentlichungen und die Medienreaktionen aus Anlass des 100. Geburtstages von Erich Wolfgang Korngold 1997 verschafften dem ungebührlich vernachlässigten Komponisten neue internationale Aufmerksamkeit. Hervorzuheben sind die Gedenkaktivitäten in seiner Geburtsstadt Brünn/Brno, ein ausverkauftes Galakonzert im Wiener Konzerthaus unter der Leitung von John Mauceri, der schon fünf Jahre zuvor »Das Wunder der Heliane« bei der CD-Einspielung dirigiert hatte, zwei Kammermusikabende der Salzburger Osterfestspiele, Rundfunksendungen (in Österreich vor allem dank Marcel Prawy) und ein wieder erwachtes Interesse in der Tagespresse und in Fachjournalen. Außerdem erschien zeitgerecht Brendan G. Carrolls fundierte, umfangreiche Korngold-Biografie »The Last Prodigy« (»Das letzte Wunderkind«).

Aber konzentrieren wir uns jetzt wieder auf die – allerdings spärliche – Präsenz der Werke E. W. Korngolds in Salzburg, bevor es zum Meilenstein der »Korngold-Renaissance« bei den Sommerfestspielen 2004 kam. Am Rande des Mozartfestes 1910 trat das Wunderkind Erich Wolfgang, 13-jährig, im Salzburger Hotel Österreichischer Hof vor illustren Gästen mit eigenen Klavierkompositionen in Erscheinung. Natürlich hatte sein Vater Dr. Julius Korngold dieses »spontane« Konzert arrangiert. Der Komponist trat dann, als Interpret eigener Werke und als Begleiter von Liedern seines Freundes Julius Bittner am Klavier, erst wieder im August 1923 in Salzburg auf, und zwar an zwei Abenden mit zeitgenössischer Kammermusik österreichischer Komponisten. Außerdem wurde in diesem Veranstaltungszyklus Korngolds Suite aus der Bühnenmusik zu »Viel Lärmen um nichts« op. 11 erstmals in Salzburg aufgeführt. Organisiert wurden diese drei Konzerte im Mozarteum (im Programm »Mozarthaus« genannt) vom 1922 gegründeten Österreichischen Kulturbund bzw. von dessen Musiksektion, der E. W. Korngold angehörte. Treibende Kraft hinter den Aktivitäten der Musikabteilung war bestimmt sein Vater, der als einflussreicher und streitbarer Musikkritiker mit dieser Gründung die ebenfalls 1922 ins Leben gerufene Internationale Gesellschaft für Neue Musik und ihre Ausrichtung auf die Zweite Wiener Schule um Arnold Schönberg bekämpfen wollte.

Dann war es der einarmige Pianist Paul Wittgenstein, ein Bruder des Philosophen, der mit zwei von ihm selbst in Auftrag gegebenen Klavierwerken für die linke Hand im Salzburger Mozarteum gastierte: 1927 mit dem Klavierkonzert op. 17 und 1950 mit der Suite für zwei Violinen, Violoncello und Klavier op. 23.

Natürlich wurden im Salzburger Stadttheater, dem späteren Landestheater, auch die populären Operettenbearbeitungen Korngolds aufgeführt: die nachgelassene Leo-Fall-Operette »Rosen aus Florida«, Offenbachs »Schöne Helena« und natürlich »Eine Nacht in Venedig« von Johann Strauss. Aber es vergingen Jahrzehnte, bis man sich endlich wieder seiner Orchesterwerke annahm. 1993 war erstmals das Violinkonzert D-Dur op. 35, im 7. Konzert der Reihe »Die große Symphonie«, mit dem Solisten Thomas Christian zu hören. Im Jahr darauf, im Zyklus »Welt der Musik«, spielte dieses Werk der Geiger Ernst Kovacic, ebenfalls im Großen Festspielhaus.

Und die Salzburger Festspiele selbst? Im August 1929 führten die Wiener Philharmoniker das Opus 11 von Erich Wolfgang Korngold, die Suite aus der Musik zu »Viel Lärmen um Nichts«, auf. An Korngolds Seite standen Werke von Respighi, Dukas und Elgar auf dem Programm. 16 Jahre später, an einem der sogenannten »österreichischen Abende« im August 1945, nahm die berühmte Sopranistin Maria Cebotari auch Korngold in ihr Arien- und Liedprogramm auf. Es dauerte jedoch bis zum Beginn des 21. Jahrhunderts, als auch hier die Zeit reif war für Korngold-Aufführungen in größerer Zahl. In den Sommern 2002 und 2003 erhielt das Publikum bereits einen Vorgeschmack auf den Korngold-Schwerpunkt bei den Festspielen 2004: zunächst mit dem langsamen 3. Satz aus dem Opus 39, der »Symphonischen Serenade«, gespielt von der Camerata Salzburg unter der Leitung von Sir Roger Norrington, und dann mit Liedern und Werken

48 »Zeitgenössische Musik österreichischer Komponisten« am 8. August 1923 im Salzburger Mozarthaus. Auf dem Programm auch Korngolds Klavierquintett E-Dur, op. 15 aus dem Vorjahr, am Klavier: der Komponist.

für Violine und Klavier. Die Korngold-Interpreten des Festspielsommers 2003 waren Bariton Bo Skovhus, der Geiger Gil Shaham und die Pianisten Stefan Vladar, Orli Shaham und Florian Krumpöck. Letzterem wurde die ehrenvolle Aufgabe einer posthumen Welterstaufführung zuteil, eines dreiteiligen Klavierwerks des Wunderkindes »Was der Wald erzählt« (1909, ohne Opuszahl).

Wir sind nun bei den Salzburger Festspielen 2004 angelangt. Das Eröffnungskonzert am 24. Juli wurde von den Wiener Philharmonikern und dem Dirigenten Seiji Ozawa gestaltet und präsentierte das vorher erwähnte Violinkonzert von Erich Wolfgang Korngold mit dem Salzburger Geiger Benjamin Schmid. Umrahmt wurde dieses mittlerweile als Zugstück geltende Werk von »Central Park in the dark« des Amerikaners Charles Ives und von Dvoraks 9. Sinfonie »Aus der Neuen Welt«. Korngold hatte dieses Opus 35 weitgehend in den USA geschaffen, wo es der Geigenvirtuose Jascha Heifetz 1947 uraufführte. Die TV-Übertragung dieses Festspielkonzerts sorgte für weltweite Verbreitung der erfolgreichen Aufführung von Korngolds Opus 35, deren Mitschnitt außerdem auf CD veröffentlicht wurde.

Im Großen Festspielhaus hatte der Reigen der Korngold-Aufführungen des Sommers 2004 begonnen. Es folgten im Großen Saal des Mozarteums vier Abende, die seiner Kammermusik gewidmet waren, darunter das schon genannte Auftragswerk für den Pianisten Paul Wittgenstein, die Suite op. 23, und das Klavierquintett E-Dur op. 15. Letzteres wurde von vier Streichern des auf zeitgenössische Musik spezialisierten österreichischen Ensembles die reihe und dem Pianisten (und Dirigenten) Gottfried Rabl aufgeführt. Diese beiden Werke wurden bezeichnenderweise gemeinsam mit Frühwerken Arnold Schönbergs zu Gehör gebracht und Erich Wolfgang Korngold damit in den Kontext der Wiener Moderne gestellt. Erstmals in Salzburg zur Gänze vorgestellt wurde die »Symphonische Serenade« B-Dur. Das Werk hatten die Wiener Philharmoniker unter der Leitung von Wilhelm Furtwängler 1950 in Wien uraufgeführt und bei den Festspielen 2002 war nur der 3. Satz »Lento religioso« zu hören gewesen. In einer Festspiel-Erstaufführung (nach der Wiener Uraufführung im Rundfunk 1954) stand als letztes der im Sommer 2004 aufgeführten Orchesterwerke Korngolds »Symphonie in Fis« op. 40 auf dem Programm. Im Kleinen Festspielhaus dirigierte Bertrand de Billy das RSO Wien. Auch dieses Orchesterkonzert war ausverkauft, in dessen erstem Teil »Vier letzte Lieder« von Richard Strauss erklangen – durchaus mit Bezug zu Erich Wolfgang Korngold, der diesen Komponisten bewundert und ihm auch die sinfonische Ouvertüre »Sursum Corda« op. 13 gewidmet hatte. In der späten »Symphonie in Fis« knüpft Korngold auch an Gustav Mahler an, der seinerzeit vom Wunderkind Erich tief beeindruckt gewesen war und ihm den Weg zum Unterricht bei Alexander von Zemlinsky gewiesen hatte. Mit dem 3. Satz seiner Symphonie schuf Korngold einen erhabenen und doch schmerzlichen Abgesang auf einen 50 Jahre zuvor erreichten Gipfelpunkt der Sinfonik. Dass der Komponist dem getragenen »Adagio, Lento«-Satz den Finalsatz mit der Bezeichnung »Allegro gaio« folgen lässt, mag überraschen: Das Werk sollte nicht in Resignation oder gar Trauer enden, sondern dem eigentlichen Naturell Erich Wolfgang Korngolds entsprechend im optimistischen Ton. Es ist, als wollte der vor der Zeit gealterte, von der zeitgenössischen Mu-

Eine gefeierte (Wieder-)Entdeckung 167

49 Abriss des Kleinen Festspielhauses in Salzburg, Herbst 2004.

sikentwicklung enttäuschte Komponist noch einmal seine Jugend beschwören.

Das von Clemens Holzmeister 1926 geschaffene Kleine Festspielhaus wurde gleich nach diesem Konzert mit Korngolds letztem großen Orchesterwerk und der letzten Vorstellung der »Toten Stadt«, die Ende August 2004 stattfanden, abgerissen. Es musste für das Haus für Mozart Platz machen. Mit Korngolds inzwischen glänzend rehabilitiertem großen Opernwurf wurde musikalisch Abschied genommen von fast 80 Jahren Festspielgeschichte in diesem Haus.

Die Festspielproduktion der »Toten Stadt« war ein auch international viel beachteter Höhepunkt im Opernprogramm dieses Sommers und damit ebenfalls in der Korngold-Wirkungsgeschichte. Eine Wiener Tageszeitung titelte: »Großes Salzburger Traumtheater«, eine andere »Glück, das mir verblieb«. Ein Wiener Kritiker sprach von einer »genialisch überfüllten Partitur«, die viele Stile vereine, ein anderer von der »Sogwirkung« und Suggestivkraft der Musik, die er der Moderne zuordnet und neben Richard Strauss stellt (Der Standard bzw. Die Presse, jeweils am 17.8.2004). Ende dieses Jahres folgte dann die

50 Titelblatt Klavierauszug »Die tote Stadt«, 1921.

gleichfalls umjubelte Premiere in Wien, mit neuer Besetzung des Paul (Stephen Gould); Barcelona und Amsterdam schlossen sich an und zeigten ebenfalls die einhellig gelobte Salzburger Inszenierung.

Dass es zur Aufführung der »Toten Stadt« und über ihren Komponisten im Pausenfoyer des Kleinen Festspielhauses auch eine Begleitausstellung unter dem Motto »Gefeiert – vertrieben – wiederentdeckt« gab, soll der Vollständigkeit halber ebenfalls erwähnt sein. Sie vermittelte einen Überblick über das Leben und musikalische Schaffen Erich Wolfgang Korngolds und setzte dabei diese Schwerpunkte: das Wunderkind, der Vater und Musikkritiker Dr. Julius Korngold, die Opern unter besonderer Berücksichtigung der »Toten Stadt«, die Operettenbearbeitungen, der Filmkomponist im kalifornischen Exil, Versuch und Scheitern der Rückkehr, Wiederentdeckung und aktuelle Entwicklung der Rezeption seines Werkes. Originale Exponate des Österreichischen Theatermuseums Wien, des Salzburg(er) Museums

(Carolino Augusteum) und eine Präsentation von Fachliteratur und CD-Veröffentlichungen rundeten die Schau ab.

»Die tote Stadt« ist seither nicht wieder nach Salzburg zurückgekehrt, Korngolds Violinkonzert – auch dank Geiger Benjamin Schmid – hingegen schon, und seine Filmmusik schätzt man hier inzwischen auch; die Kammermusik ist jedoch etwas für Feinschmecker geblieben. Erich Wolfgang Korngold musste im Exil schmerzlich das Warten lernen, nur resignieren müsste er heute längst nicht mehr.

Anmerkung

Der Verfasser dankt Bernd O. Rachold (Hamburg) für wertvolle Hinweise.

Der »Traum der Wiederkehr« als Versuchsanordnung

Zu Karoline Grubers Hamburger Inszenierung der
»Toten Stadt« (2015)

von Kerstin Schüssler-Bach

> In die Adern dieser spannenden Dichtung, in die Szenen packend gesteigerter Handlung, die alle wunderbaren Fähigkeiten der Tonkunst anruft, […] goß nun Erich Wolfgang Korngold das Blut seiner Musik: einer genialen, aus tiefen seelischen Quellen genährten Ausdrucksmusik, die ganz neue Werte des Geheimnisvollen und Phantastischen schafft.[1]

Die enthusiastische Rezension des Hamburger Großkritikers Ferdinand Pfohl resümierte den außergewöhnlichen Erfolg, den »Die tote Stadt«, das dritte Bühnenwerk des 23-jährigen Komponisten Erich Wolfgang Korngold, bei der Uraufführung im Hamburger Stadt-Theater am 4. Dezember 1920 erntete. Am selben Tag dirigierte Otto Klemperer in Köln ebenfalls eine Premiere der »Toten Stadt«. Doch Hamburg hatte bei der Doppelaufführung die Ehre von Korngolds persönlicher Anwesenheit. Allein in der ersten Hamburger Saison stand das Werk 26-mal auf dem Spielplan. Korngold hatte sich in Hamburg bereits 1912 als »Wiener Wunderknabe« mit einem Klavierabend im Conventgarten bestens eingeführt. Noch im gleichen Jahr zeigte das Hamburger Stadttheater unter Intendant Hans Loewenfeld »Der Schneemann«, 1917 folgten »Der Ring des Polykrates« und »Violanta«. Auch Generalmusikdirektor Egon Pollak, der bei der Uraufführung der »Toten Stadt« am Pult stand, war ein glühender Korngold-Anhänger.[2] Doch der nationalsozialistische Bruch der Aufführungstradition nach 1933 wirkte auch in Hamburg nachhaltig – erst 2015 sollte es wieder zu einer Neuinszenierung einer Korngold-Oper im Haus an der Dammtorstraße kommen.

Vorüberlegungen zur Hamburger Neuinszenierung

Für Simone Young, von 2005 bis 2015 Intendantin und Generalmusikdirektorin an der Hamburgischen Staatsoper, war es eine Herzensangelegenheit, »Die tote Stadt« nach Hamburg zurückzubringen:

> Ich habe vor langer Zeit zuerst das Pierrot-Lied daraus kennengelernt. Das hat mich neugierig gemacht: Wie ist eine Oper beschaffen, die einen solch melodiösen, fast ›musicalhaften‹ Ohrwurm zulässt? Ich war überrascht, eine so raffinierte, komplexe, aber auch höchst anziehende Partitur zu öffnen. Wenn man die großen Korngold-Filmmusiken kennt, findet man Vieles hier schon vorgeprägt, nur stringenter und strukturierter.[3]

Die australische Dirigentin verpflichtete die österreichische Regisseurin Karoline Gruber, die sich gemeinsam mit ihrem Team[4] intensiv auf die Premiere am 22. März 2015 vorbereitete.

Ein erster Gedanke, für die Inszenierung von der Rezeptionsgeschichte in der Stadt der Uraufführung auszugehen und »Glück, das mir verblieb« quasi retrospektiv aus Korngolds amerikanischem Exil zu erzählen, wurde bald verworfen. Früh schälte sich für Karoline Grubers Ansatz jener innovative dramaturgische Aspekt heraus, den Erich Wolfgang und Julius Korngold im Libretto gegenüber der Vorlage »Bruges-la-Morte« von Georges Rodenbach verändert hatten: die Konzeption der Handlung als Traumgeschehen, das erst am Schluss als solches aufgelöst wird. »Die traumhaft phantastische Sphäre, in die der Stoff damit gerückt war, schien dessen eminente Musikfähigkeit zu vollenden«, so Erich Wolfgang Korngold.[5] Er entzog sich damit dem forcierten Realismus, wie er in den Verismo-Opern auf die Spitze getrieben worden war. Zwar war der Höhepunkt des Verismo 1920 bereits überschritten, dennoch wurde »Die tote Stadt« noch in diese Debatte eingebettet und ausgiebig in den Kritiken diskutiert. So sah etwa Max Marschalk im Musikalischen Kurier im Protagonisten Paul »eine pathologische Erscheinung«, die »uns durchaus gleichgültig« bleibe, und benannte die Traumhandlung als »gefährliches Hilfsmittel«, das nur »Verwirrung« stifte.[6] Dagegen betrachtete Wolfgang Jordan in der Allgemeinen Künstlerzeitung den Verismo als Sackgasse, Korngold dagegen habe einen Weg beschritten, »der der Wesenheit der tondramatischen Darstellung völlig entspricht«: nämlich die Erkenntnis, dass die dargestellten dramatischen »Vorgänge tieferer allgemein-menschlicher Art sein müssen«.[7] Und diese Erkenntnis, so Jordan, rühre von Richard Wagner her, der daher nicht der »historischen«, also auf realen Geschehnissen basierenden Oper, sondern der Sage, also dem imaginierten Ereignis, den Vorzug gegeben habe. Eine solche ästhetische Ahnherrschaft konstruiert auch Ferdinand Pfohl in seiner Kritik für die Wiener Neue Freie Presse: »Wagner erkennt im Traum das wahre innere Leben der Seele, und alle Kunst ist ihm nur Wahrtraumdeuterei, die das Orakel des Traumes in Erkenntnis und Weisheit löst.«[8] Korngold sei dieser Idee der »Wahrtraumdeuterei« gefolgt mit einer Musik, die der »psychischen Bewegung« der Szene mit »genialer Treffsicherheit«[9] folge.

Dass Korngold in seiner »Wahrtraumdeuterei« die Erkenntnisse der jungen Psychoanalyse aufgreift, macht die tiefenpsychologisch ausgeleuchtete Handlung um unbewältigte Trauerarbeit und Identitätskonflikte zu einem reichen Experimentierfeld für Regisseure. Gruber folgt diesem Pfad und findet in »Die tote Stadt« »eine psychoanalytische Raffinesse, die es in kaum einer anderen Oper gibt«:

Im Grunde ist es ja eine Geschichte, die auch in der Nachbarschaft oder im eigenen Familienkreis spielen könnte. Es geht erst einmal um einen ganz realen Verlust: Pauls Frau Marie ist tot, und er lebt seit Jahren allein in dieser Trauer, hat sich eine ›Kirche des Gewesenen‹ eingerichtet. Dann will er den ›Traum der Wiederkehr‹, möchte genau dieses alte Leben wiederholen mit einer neuen Frau. Die Oper thematisiert die Kernfrage selbst im Text: ›Wie weit soll unsre Trauer gehn, wie weit darf sie es, ohn' uns zu entwurzeln?‹ Darauf hat jeder eine persönliche Antwort.[10]

Surrealistische Bilderwelten und psychologische Symbolik im Regiekonzept

Die empfundene Allgegenwart Maries bedeutet für Paul eine schwere Hypothek. Pauls innere Leere der Empfindung war der Ansatzpunkt für Karoline Gruber. Der Witwer hat sich in einen Fetisch eingesponnen: das leuchtende Haar der verstorbenen Marie. Wie eine Monstranz wird es von ihm gehütet und geheiligt. Gegen diese tote Materie hat es alles Lebendige schwer. Mit dem Bühnenbildner Roy Spahn entwickelte Gruber eine zeichenhafte Visualisierung dieses inneren Zustands. Statt der in Julius und Erich Wolfgang Korngolds Szenenanweisungen vermerkten Überfrachtung von Pauls Wohnung mit »alten schweren Möbeln […], Nippes und Photographien«[11] ist sein Seelenraum erschreckend leer – bis auf die auch von den Autoren genannte »Haarflechte«. Dieses fetischhafte Attribut aber erscheint ins Monströse vergrößert. Die goldene Haarflechte Maries dominiert die Szene, wird dem Zuschauer aber erst als solche kenntlich gemacht, wenn sie zu Pauls ekstatischem Ausruf »Herrgott! Wie leuchtet dies Haar!«[12] angestrahlt wird. Überall flutet das Haar den Raum, legt sich wie Spinnwebenfäden über die Wände. Der Eindruck wird verstärkt durch die Beschaffenheit des ähnlich farbigen Bodens, auf dem Sand ausgelegt ist: einerseits als leicht dechiffrierbares Zeichen für Vergänglichkeit, andererseits aber auch als Referenz an den eigentlichen Schauplatz des Geschehens. Denn die erstickende Morbidität der »Toten Stadt« hatte in Rodenbachs Text bekanntlich ein konkretes Vorbild: das flämische Brügge. Die alte Handelsmetropole, im Spätmittelalter Zentrum des burgundischen Reichs, wurde abgeschnitten von der Vitalität des lebensspendenden Meeres und erstarrte in einem Dämmerzustand, als in der Renaissance Het Zwin, Brügges Zufluss zur Nordsee, versandete: der Hafen lag trocken, die Kanäle vermoderten. Stefan Zweigs frühes Gedicht »Brügge« spürt dieser allmählichen Mumifizierung nach:

> [...] Die prunkenden Tore mit rostigen Klinken
> Sind längst nicht mehr zum Empfang bereit,
> Verstaubt und verwittert die Kirchturmzinken,
> Die in den Nebel träumend versinken
> Wie in das Meer ihrer Traurigkeit. [...][13]

Rodenbachs Sinnhorizont deutete Brügges architektonischen Zustand als Metapher für Pauls »état d'âme [Seelenzustand]«:

> Brügge war seine Tote. Und seine Tote war Brügge. [...] Jede Stadt ist ein Seelenzustand und kaum hält man sich dort auf, teilt sich dieser Seelenzustand mit, verbreitet sich in uns wie ein Fluidum, das sich einimpft und das man mit der Luft in sich aufnimmt.[14]

In der Trauer sind die »Lebenssäfte« auf das Maß der Funktionalität beschränkt, Brügge steht für den Rückzug von den Quellen des Lebens. Dieser Symbolismus regte auch die im Laufe des Stücks immer stärker ins Surrealistische spielende Bilderwelt von Grubers Inszenierung an. So wie der Sand, in den Paul auch durch sein sandfarbenes Kostüm eingegraben scheint, für die versunkene Stadt steht, so verzichten Gruber und Spahn auch auf eine naturalistische Häuserkulisse. Stattdessen bricht im Vorspiel zum 2. Bild mit den »Brügge-Glocken« ein riesiges Schiff durch die Wand und schiebt langsam seinen Bug, der eine mit Giebeln bewehrte Häuserzeile zu tragen scheint, in die Spielfläche hinein.

Das Schiff ist in seiner Symbolik vieldeutig: Es bringt – wie es Brügge nie mehr erfuhr – die Naturkraft des Meeres zurück, wird es doch szenisch in jenem Moment etabliert, als Paul der Absolution sei-

51 Ensembleszene mit Paul (Klaus Florian Vogt, l., im weißen Hemd), 2. Bild, 1. Szene: »Was ward aus mir? Ihr Haus umschleich' ich, gequält von Angst, Sehnsucht und Reu'.«

ner toten Frau »Dich fasst das Leben, dich lockt die Andre. Schau, schau und erkenne«[15] erliegt und sich Marietta zuwendet. Wie ein Fellini'sches »Schiff der Träume« führt es seltsame Passagiere an Bord: Mit Uhrketten bewaffnete Allegorien der Vergänglichkeit in steifleinernen historischen Kostümen, die gravitätisch wie stumme Zeugen der Vergangenheit Pauls »Liebeslager« mit Marietta umschreiten: »O sprecht mich los, ihr Beichtiger aus Erz!«.[16] Und nachdem zur Erkenntnis »Nun trag ich Unrast des Begehrens«[17] ein obszöner Tanz zwischen einem Matrosen und einer Marietta-Puppe Pauls wiedererwachte Sexualität kommentiert hat, springt auch die Komödiantentruppe mit Victorin, Juliette, Gaston und Lucienne aus dem Schiffskörper. Sie sind gestrandete Figuren, entrissen dem Meeresboden, mit Algen überwachsene Boten einer versunkenen Welt, wie Mechthild Seipels Kostüme nahelegen, aber auch Glücksspieler mit mobilem Roulettetisch. Beides eröffnet Assoziationen: In der Gotik wurde Brügge als »Venedig des Nordens« besungen, anspielend auf den sagenhaften Reichtum der schwimmenden Republik. Venedig als Topos der Dekadenzliteratur, als Lieblingsmotiv todestrunkener Künstlertouristen ist eine Erfindung des späten 19. Jahrhunderts. Mit Brügge etablierte Rodenbach die Analogie eines »Venedigs des Nordens« erneut, nun aber die Atmosphäre der morbiden Rückschau beschwörend. Auch Korngold stellt die beiden Städtemythen gegeneinander. Die Komödiantentruppe überschwemmt den Quai [sic]: »Träume dich auf Wasserflut nach Venedig«.[18] Ist es in der Oper von 1920 das hellsinnliche Venedig Casanovas und Canalettos oder das verfallssüchtige Venedig Thomas Manns und Hermann Hesses, jener »vergangner Schönheit geisterhafter Gruß«?[19]

Der Fetisch des Haares – das erotische Leitmotiv

Jedenfalls schäumt das »tolle Tänzerblut«[20] den ausgedörrten Paul ins Leben zurück. Mit den Lebenssäften kehrt auch das Begehren zurück. Die Flut spült den Sand fort, die aufgestaute Energie bricht sich Bahn – gewaltiger, betäubender als je zuvor. Den Ausbruch aus der Askese komponiert Korngold in einer berauschenden Klimax, die noch soghafter wirkt, wenn, wie von ihm selbst bevorzugt (und auch in dieser Inszenierung), der Übergang zum 2. Bild pausenlos geschieht. Zu der erotischen Explosion bedarf Paul freilich der Evokation der toten Marie, die sich ihm mit einem chromatisch fallenden Klageruf in die Erinnerung bohrt. Marie schlägt ihn in Bande mit dem Fetisch des Haares, dem Korngold ein eigenes Motiv zuerkennt. Das Pars pro Toto der Toten, das Haarmotiv, ist durch die wiederholte fallende Quarte mit anschließender aufsteigender Quinte intervallisch mit dem Brügge-Motiv verwandt – »die tote Frau, die tote Stadt«, die Paul als »geheimnisvolle[s] Gleichnis«[21] ineinanderfließen, sie werden von Korngold auch musikalisch übereinandergelegt.

Dass die Komödiantentruppe mehr ist als eine heitere Gesellschaft um Marietta – nämlich Echo von Pauls Unbewusstem –, wird in Grubers Inszenierung schon beim ersten akustischen »Auftritt« deutlich: Nach Mariettas »Lautenlied« »Glück, das mir verblieb«, das Paul »ganz verzaubert«,[22] erklingt als starker Kontrast zu der verträumten

Stimmung hinter der Szene Gastons Lied »Was soll es, dass du säumig bist«.[23] Dazu treten zum ersten Mal in der Inszenierung surreale Figuren auf: fünf hagere, bleiche Gestalten, halb Totengräber, halb mystische Zen-Gärtner, die mit großen Rechen den Sandboden beharken, wie sie es seit Urzeiten zu tun scheinen. Zu Mariettas »O Tanz, o Rausch«[24] bewegen sie sich mit ihr in einer gespenstischen Slow Motion: Nicht ein verführerischer Tanz Mariettas findet szenisch statt, sondern das Locken und allmähliche Einkreisen Pauls durch die Geisterboten. Sie nehmen Schal und Laute, die Attribute der Toten, und formieren sich zu einem Gruppenbild, so dass Mariettas Ausruf »Oho, das bin ja ich!? [...] Wen spiel ich da?«[25] nicht einem Gemälde Maries gilt, sondern diesem Figurenkollektiv aus einer Zwischenwelt.

Dieses Stilmittel, szenisches Personal in Stimmen aus Pauls Unterbewusstsein zu transferieren, gewinnt im 3. Bild eine albtraumhafte Konsequenz. Immer stärker loten fantastische Chiffren den Fortgang der Handlung aus. Die im Kostüm der Jahrhundertwende schon im 2. Bild aufgetretenen historischen Figuren entpuppen sich als Hüter einer lebensfeindlichen Moral, an der Paul zugrunde zu gehen droht. Sie tragen aus dem Bauch des Schiffes jene schweren Gründerzeitmöbel, die nach der Regieanweisung (jedoch nicht in dieser Inszenierung) bereits im 1. Bild Pauls Raum erdrücken und verfinstern. Nun stehen sie für den vergeblichen Versuch, sich mit Marietta ein bürgerliches Glück einzurichten – vergeblich, da diese Verbindung der gesellschaftlich sanktionierten Rolle des Witwers widerspricht. Paul kann dem moralischen Zwangskorsett nicht entkommen. Folgerichtig wird der Prozession zum Osterfest, die Paul beobachtet, jeglicher naturalistische Bezug entzogen. Korngolds Abkehr vom Verismo verdichtet Gruber auch hier zum »Psychothriller«, indem sie den feierlichen Zug mit »Statuen und Kirchenbanner[n]« und »alten frommen Herrn [sic] von Flandern«[26] ganz in Pauls Inneres verlegt. Die Prozession wird so zum Purgatorium für Pauls Seelenqualen, was zusätzlich zu den musikalischen Schwierigkeiten dieser Szene auch höchste darstellerische Intensität des Sängers verlangt – eine Herausforderung, die Klaus Florian Vogt in der Premierenserie eindrucksvoll gemeistert hat. Die überwältigende, blendend-pompöse Klangorgie der Prozession ist ein Höhepunkt der Partitur. Ihr Motiv exponiert wiederum die fallende Quarte des Haarmotivs und wiederholt sie zu einem bombastischen Schreitmotiv. Schon musikalisch also macht Korngold klar: Im Fegefeuer der Prozession sind Maries Überreste die glänzendste Monstranz, der »goldene Schrein«, den Paul in seiner Vision sieht. Durch die Schärfung der Quart-Quint-Intervallik des Haarmotivs zum dissonanten Tritonus des Prozessionsmotivs erscheint das »mysterium corporis« der Prozession allerdings auch als bedrohliche Situation: Der Tritonus als diabolus in musica glättet nicht, sondern reißt Spannungen auf. Der von Korngold triumphal ausgebreitete eucharistische Hymnus »Pange lingua« gewinnt eine doppelte Bedeutung: »Preise, Zunge, das Geheimnis dieses Leibs voll Herrlichkeit«. Das »Geheimnis des Leibs« überträgt sich wie in einer weltlichen Kontrafaktur auf Pauls »Erkennen« von Mariettas Körper.

Die Prozession ist für Gruber der Punkt, wo über Paul alles zusammenschlägt: Schuldgefühle gegenüber seiner toten Frau, Angst, der bigotte Fingerzeig der Gesellschaft. Die Prozession bricht als Ausgeburt seiner Psychosen wie eine schwarze Messe in seinen Raum. Lemurenhafte Gestalten schlüpfen aus dem Schiff: Kinder, die als maskenhafte Erwachsene eingekleidet sind, sich puppenhaft bewegen und so aller natürlichen Vitalität beraubt sind, dann der Chor als ähnlich gekleidetes Kollektiv, dessen Kostümbild in Schwarzweiß-Zeichnung und grotesker Gestik Anleihen beim deutschen expressionistischen Film nimmt.

In Grubers Osterprozession wird auch die Jesu Auferstehung vorausgegangene Geißelung und Grablegung einbezogen: die Flagellation mit Rosen (jene Blumen, die Paul im 1. Bild noch schwärmerisch über den Boden verteilte) und die nahezu blasphemisch anmutende Resurrektion einer sarganähnlich gebetteten (haarlosen!) Gestalt stehen hierfür. Das von Korngold intendierte duale Rollenbild der »Heiligen und der Hure« wird ausgespielt, als die albtraumhaften Gestalten sich mit Maries Schal zu einem »lebenden Bild« formieren: der Schal im marianischen Blau legt sich wie ein Marienmantel um die Gruppe, als Paul, vergeblich auf Absolution hoffend, davon singt, dass sein »Glaube die Treu« ist.[27]

Die surrealistische Vergrößerung dieser Schreckensbilder von Pauls Schuld- und Reuegefühlen kulminiert in der Ermordung Mariettas, die Paul mit einem monströs vergrößerten Zopf erdrosselt und in den bereitgestellten Sarg regelrecht entsorgt – eine fast kolportagehafte Szene, die den plakativen Duktus des einer gewissen Grellheit und Rohheit nicht entbehrenden vorausgegangenen »Tanzes« Mariettas bewusst aufgreift.[28]

»*So sprich:* wen *küssest du in mir?*« *– das Vexierspiel Marie/ Marietta/Brigitta*

Korngold deutete Rodenbachs Vorlage zu einer freudianischen Traumhandlung um: Pauls Befreiung durch die Ermordung Mariettas geschieht als kathartischer Schock – aber nur als Traum. Gruber misstraut einer einfachen Lösung:

> Die Möglichkeit, dass die Katharsis durch diesen »heilsamen Schock« aber eben nicht funktioniert, ist im Stück schon angelegt: Paul sagt, er will ein neues Leben »versuchen« – er sagt nicht zu, dass es auch wirklich funktioniert. Seine Erlebnisse bringen ihn am Schluss zu der Feststellung: »Leben trennt vom Tod, grausam Machtgebot«. Er hat den Verlust Maries also erkannt, aber ob er ihn aufgearbeitet hat, bleibt offen. Trauerarbeit macht auch aus, dass man sich im Sinne Freuds lösen kann von libidinösen Projektionen des toten Partners auf einen neuen Partner. Paul aber zwingt eine andere Frau dazu, die Rolle seiner toten Frau zu übernehmen. Mich hat die Frage interessiert, ob das gut gehen kann und was das eigentlich für die »neue Frau« bedeutet.[29]

Diese »neue Frau« ist in Grubers Inszenierung allerdings nicht Marietta – das ist ihre vielleicht überraschendste Pointe.

Es gibt in Rodenbachs Text einen psychologisch sehr spannenden Vorgang: Hugues (Paul) gibt Jane (Marietta) zwei Koffer mit Kleidern seiner verstorbenen Frau und bittet sie, diese Kleider anzuziehen. Er will Jane in den

Kleidern seiner Frau lieben. Dieser Vorgang war für mich erhellend: Welche Figur könnte es in der Oper sein, die diese Rolle für Paul spielt?[30]

Pauls »Therapie« wird in Grubers Inszenierung durch zwei Personen vollzogen: Frank/Fritz (in der schon bei der Hamburger Uraufführung etablierten Doppelrolle) und Brigitta. Die sonst eher unauffällig gezeichnete Haushälterin mutiert in Grubers Zugriff zur weiblichen Protagonistin: Brigitta wird in einem Rollenspiel für Paul zu Marietta. Ausgangspunkt für diese Überlegung war eine der blühendsten musikalischen Phrasen des Stücks, die gleich zu Beginn von Brigitta gesungen wird: »Hier aber, hier ist Liebe, Herr Frank, das weiß ich. Und wo Liebe, dort dient eine arme Frau zufrieden.«[31] Diese emphatisch sich verbreiternde, auf a'' führende Linie ist für einen Mezzosopran recht exponiert (und von Korngold daher mit alternativer Auslassung des Spitzentons notiert). Sie macht hörbar, dass Brigitta keine verhärtete, quasi asexuelle Figur ist, sondern eine warm fühlende Frau, die ihrem Arbeitgeber offensichtlich mit großer Innigkeit zugetan ist. Gruber interpretierte die langjährige räumliche Nähe von »Herrn« und »Dienerin« als emotionale Verflechtung. Aus Liebe zu Paul etabliert Brigitta mit Franks Hilfe eine »therapeutische Sitzung«, um Paul von seinem Trauma zu befreien. Für die szenische Praxis bedeutete dies, dass dem Zuschauer über die ganze Oper hinweg die Einheit von Brigitta und Marietta/Marie suggeriert werden sollte, obwohl die jeweiligen Partien exakt wie notiert von verschiedenen Sängerinnen gesungen werden – eine herausfordernde Aufgabe für Casting und Kostümbild. Die Besetzung mit der jungen Mezzosopranistin Cristina Damian als Brigitta schuf eine gute Grundvoraussetzung für die optische Angleichung an Marie/Marietta, in der Premierenserie von Meagan Miller übernommen. Konsequent spielt Brigitta dieses Spiel bis zum Schluss mit – was für sie selbst eine emotionale Tour de Force bedeutet.

Nur zu bereitwillig geht Paul auf dieses Rollenspiel ein und identifiziert Brigitta mit einer herbeigesehnten Doppelgängerin seiner Toten. Für den Zuschauer wird dies kenntlich gemacht, indem die spezifische Spielsituation gleich beim Aufgehen des Vorhangs etabliert wird. Paul sitzt mit dem Rücken zum Publikum auf einem Stuhl, rechts

52 Paul (Klaus Florian Vogt) und Brigitta (Cristina Damian), 1. Bild, 1. Szene: »Er nennts: Kirche des Gewesenen.«

von ihm steht Brigitta, links von ihm nähert sich der hinzukommende Frank. Dieses Kräftedreieck bleibt als Schicksalsgemeinschaft über das ganze Stück präsent. Brigitta legt ihre Attribute – Schürze und Haube – zu Pauls Erzählung ab, verharrt im schwarzen Unterkleid, hüllt sich zu seinem Ausruf »Marie! Holt mir ihr Antlitz aus der Tiefe, hold und rein«[32] langsam in das rote Kleid Maries/Mariettas, das im Sand vergraben lag, und setzt sich zu Pauls zunehmend ekstatischerer Imagination der ersehnten Geliebten (»vor mir steht eine Frau im Sonnenlicht«) die blonde Perücke auf, dann auch den Hut – alles für das Publikum, nicht aber für Paul sichtbar. Der physische »Austausch« der Sängerinnen geschieht während Pauls inständiger Forderung »Jetzt, Gott, jetzt gib sie mir zurück!«[33] durch bühnentechnische Mittel (Versenkung/Lichtwechsel) für den Zuschauer unbemerkt – so dass sich zu den ersten Worten Mariettas also tatsächlich die Illusion einstellt, hier würde in identischer Haltung und Kostümierung die Darstellerin der Brigitta weitersingen.

Karoline Grubers Anliegen war es zudem, die Figur der Marietta von der allzu klischeehaften Sicht als Femme fatale zu befreien, ihre oft als übertrieben empfundene Koketterie zu reduzieren und auf ein psychologisch glaubhaftes Maß zurückzuführen. So betrachtet sie sich beispielsweise nicht selbstverliebt im Spiegel,[34] sondern hält Paul einen leeren Bilderrahmen entgegen, als wollte sie ihm seine zwanghaften Projektionen verdeutlichen: Hinter diesem Rahmen könnte jede Frau stecken – er sieht in dieser ihn verzaubernden Gestalt jedoch nur die Wiedergängerin Maries, nicht die ihn liebende Brigitta. Mit den von Paul gegebenen Requisiten der Laute und des (hier marianischen) Schals stellt sie während des Duetts »Glück, das mir verblieb« die Künstlichkeit dieses Arrangements aus: zunächst den leeren Bilderrahmen haltend, der ihr dann von Paul entrissen wird. Paul klammert sich an den Bilderrahmen als greifbares Symbol seines vergangenen Glücks. Brigitta/Marietta versucht ihn voll aufrichtiger Zärtlichkeit von diesen Erinnerungen zu lösen, doch noch ist Paul nicht bereit. Erst gegen Ende des 1. Bildes gibt es einen möglichen Moment der Erkenntnis für ihn, wenn Brigitta/Marietta ihr rotes (Marietta-)Kleid ablegt und im schwarzen (Brigitta-)Unterkleid dasteht: Paul ist irritiert, auf wen sich sein Begehren nun richtet: die imaginierte Doppelgängerin oder die reale, »fleischliche« Frau. Die Irritation löst sich auf in einer leidenschaftlichen Umarmung, der der Schal ein »Liebeslager« bereitet. Diesen Schal hatte Brigitta/Marietta zuvor während der Erscheinung Mariens[35] ikonografisch als marianisches Attribut verwendet: »Dich fasst das Leben, dich lockt die Andre, schau, schau und erkenne.« Paul fasst das »Erkennen« hier durchaus im biblischen Sinne auf und »erkennt« Marietta sexuell. Das aber befreit ihn noch nicht von seinen Schuldkomplexen. Brigitta/Marietta analysiert die Situation später vielsagend: »Da stieg ich ins untre, ins intressante Stockwerk, besuchte deine Tote«[36] – dazu erklingt eine spitze, verkürzte Version der »Auferstehungsakkorde«, drei gleichmäßig fallende, sekundgeschärfte Akkordsäulen, die die Oper auch eröffnen und beschließen.

Dass Brigittas Verkleidung als Marietta ein für Paul inszeniertes Spiel ist – das dem Zuschauer auch als solches durchschaubar erscheinen soll –, wird in einer weiteren Schlüsselstelle der Partitur sichtbar: Franks/Fritz' »Pierrot-Lied« »Mein Sehnen, mein Wähnen, es träumt sich zurück« (in der Premierenserie gesungen von Lauri Vasar).[37] Die leicht sentimentalisierte Walzer-Melodie, deren auskomponierte Rubati das Festhalten am vergänglichen Moment zelebrieren und deren retrospektiver Text so deutlich auf Pauls Trauma des Nicht-vergessen-Könnens rekurriert, gewinnt an emotionaler Wahrhaftigkeit, wenn sie auch szenisch auf Paul gerichtet ist. Frank wurde am Beginn der Inszenierung bereits als dritte Kraft im Personendreieck etabliert: als Mahner in diesem riskanten »Psychotrip«, der der Einzige ist, der in die abgeschlossene Welt von Paul und Brigitta dringt. Je stärker die Inszenierung die surreale Bilderwelt mitvollzieht, desto mehr mutiert Frank zum Todesengel: eindrucksvoll auf dem Schiff im 2. Bild wie eine Galionsfigur heranschwebend, im Kostümbild mit einem schwarzen Flügel angereichert. In »Mein Sehnen, mein Wähnen« führt er Paul, der wie zu Beginn regungslos auf einem Stuhl sitzt, den Sinn des Spiels deutlich vor: Frank zieht Brigitta/Marietta ihr rotes Kleid aus, bindet ihr ihre Schürze um und setzt ihr die Dienstbotenhaube auf: Sie »ward Komödiant«, wie es in Franks Lied heißt, um Paul zu therapieren, doch es ist »Gauklers Geschick«, dass Paul sie nicht als reale Frau hinter der Camouflage wahrnimmt.

Paul reagiert zwar auf diese Demaskierung, die Brigitta/Marietta selbst bald wieder zurücknimmt, doch weiterhin bleibt es ihm verweigert, aus seiner Idée fixe zu entkommen. Auch das von Korngold inkorporierte Spiel der Szene aus Meyerbeers »Robert der Teufel« treibt Paul tiefer in seine Verstrickung hinein, wird er doch in Grubers Inszenierung zum hilflosen Zuschauer einer weiteren Projektion seiner unausgesprochenen Sehnsüchte: In einer silhouettenhaften Stummfilmszene treibt es der Teufel persönlich mit Marietta.

Am Ende des 2. Bildes scheint Brigittas Versuchsanordnung fast von Erfolg gekrönt: »So sprich: wen küssest du in mir?«,[38] fordert sie Paul auf, sich nun selbst als Brigitta kenntlich machend, indem sie

Schürze und Haube anlegt. Paul kapituliert und wünscht sich nur noch »Vergessenheit, den süßen Rausch«.

Die Liebesnacht zeitigt Folgen, denn im 3. Bild (hier nach der Pause also) sehen wir Brigitta/Marietta im Dienstbotenhabit schwanger, auch das eine eigene Interpretation der Hamburger Neuinszenierung. Doch die Hoffnung auf Liebe, die nicht mehr auf Täuschung aufgebaut ist, trügt: Paul nimmt ihr erneut ihre wahre Identität und verkleidet sie wieder als Marietta, entzieht sie den Blicken der Anderen: »Stell dich zur Seite, gedeckt durch mich«.[39] Er erträgt es nicht, in dieser Frau eine andere zu sehen als Marie. Während es durch die Regie als verabredet gilt, dass Brigitte/Marietta die hineindringenden Gestalten der Prozession nicht sieht, erhält der Auftritt des Kinderchors »O süßer Heiland mein, wir, deine Kindelein« noch eine umso dringlichere Wirkung, da sich die Kinder um die schwangere Brigitta/Marietta scharen. Paul aber zerstört symbolisch dieses Leben, indem er auf dem Höhepunkt der Prozession eine Puppe am Boden zerschlägt.

Brigittas Experiment treibt mit der symbolischen Erdrosselung Mariettas auf die Katharsis zu. Die reale Brigitta aber kehrt im Dienstbotenkostüm zurück: »Die Dame von vorher, Herr Paul, sie kehrte an der Ecke um« – Paul: »Brigitta, du, in alter Lieb und Treu?«.[40] Ein letztes Mal muss laut Partitur die Sängerin der Marietta auftreten, die Gruber aber für den Zuschauer in der Brigitta-Rolle beläßt. Es ist Brigitta, auf deren Schicksal sich die Anteilnahme des Zuschauers nun fokussieren soll.

Der »zerstörte« Traum – Rückkehr zum Beginn

Die letzte Szene beginnt mit dem Motiv der Gewissensqualen, das sich aus Maries chromatischem Klageruf entwickelt hat. Doch dann leuchtet das Haarmotiv in dicht verflochtenem orchestralen Stimmtausch. Aus den Flechten der Geliebten ist noch kein Entkommen. Pauls letztes Arioso bringt Stück für Stück das Lautenlied zurück: Die Erkenntnis »Ein Traum hat mir den Traum zerstört« offenbart sich bereits zur

53 Paul (Klaus Florian Vogt, l.) und Frank (Lauri Vasar), 3. Bild, 3. Szene:
»Harre mein in lichten Höhn, hier gibt es kein Auferstehn.«

gleichen Musik wie Maries »Unsre Liebe war, ist und wird sein«, seinerseits Zitat von Pauls Einwurf vom »treuen Lieb, das sterben muss«. Im Sterbenmüssen birgt sich zugleich unwandelbar die Erinnerung. Pauls wörtliches Schlusszitat des Lautenlieds »Glück, das mir verblieb« kündet zwar von der schließlich akzeptierten Erkenntnis »Hier gibt es kein Auferstehn«. Aber das letzte Wort haben die schillernden Celesta-Klänge des Auferstehungsmotivs: eine klingende Chiffre für Pauls Sehnsucht nach der Toten, die noch lange nicht versiegt ist.

Frank, jetzt als zweiflügeliger Todesengel, ist alleine aus der surrealen Welt übriggeblieben. Er könnte Paul nun als Bote ins Totenreich geleiten, doch Gruber hält die szenische Situation offen: Paul bleibt nach diesem seelischen Experiment auf dem Stuhl sitzen, die Situation des Beginns wiederaufnehmend. Auf Franks Frage, ob er mit ihm fortgeht, antwortet Paul: »Ich will's. Ich will's versuchen«.[41] Brigitta sinkt zusammen: Sie hat ihn nicht für sich gewinnen können. Ihre Versuchsanordnung, seine Trauerarbeit zu begleiten, hat eine Eigendynamik angenommen, die beide, Paul und Brigitta, nicht zu kontrollieren vermochten.

Anmerkung

Dieser Aufsatz erschien ursprünglich in: Jung-Kaiser, Ute/Simonis, Annette (Hg.), Erich Wolfgang Korngold, »der kleine Mozart«. Das Frühwerk eines Genies zwischen Tradition und Fortschritt. Hildesheim/Zürich/New York 2017, S. 189 – 205. Mit freundlicher Genehmigung des Georg Olms Verlages (Hildesheim).

Anmerkungen

1   Pfohl, Ferdinand, Rezension zur Hamburger Uraufführung *Die tote Stadt*. In: *Neue Freie Presse Wien*, 10.12.1920.
2   Egon Pollak war 1917 – 1931 als Generalmusikdirektor in Hamburg tätig. Antisemitische Angriffe ließen ihn nach Prag wechseln, wo er 1933 während einer *Fidelio*-Aufführung tot am Pult zusammenbrach. In Hamburg hatte Pollak bereits den »*Schneemann*« sowie später »*Violanta*« dirigiert.
3   Journal der Hamburgischen Staatsoper, Nr. 4, Spielzeit 2014/15.
4   Bühnenbild: Roy Spahn, Kostüme: Mechthild Seipel, Licht: Hans Toelstede, Dramaturgie: Kerstin Schüssler-Bach.
5   Korngold, Erich Wolfgang, *Die tote Stadt* In: *Musikwelt* 3, 1.12.1920.
6   Zit. n. Schüssler-Bach, Kerstin, »*Melodische Offenbarungen, die unvergesslich sind*«. *Hamburger Korngold-Sternstunden*. In: Programmheft zu »*Die tote Stadt*«, Hamburgische Staatsoper 2014/15, S. 38.
7   Ebd., S. 38 f.
8   Ebd., S. 39.
9   Pfohl, wie Anm. 1.
10 *Ein »gefährlich Spiel«. Interview mit der Regisseurin Karoline Gruber*, in: Programmheft *Die tote Stadt*, Hamburgische Staatsoper, wie Anm. 6, S. 14.
11 Korngold, Erich Wolfgang, *Die tote Stadt*, Klavierauszug. Mainz 1920, S. 1.
12 Ebd., S. 5.
13 Zweig, Stefan, *Brügge*. In: *Die frühen Kränze – Gedichte. Gesammelte Werke*, zusammengestellt von Jürgen Schulze. Düsseldorf 2017, S. 12602, unter: null-papier.de/zweig (letzter Zugriff: 08.02.2022).
14 Rodenbach, Georges, *Das tote Brügge*. Stuttgart 2011, S. 17 u. 79.

15 Klavierauszug, S. 61 f.
16 Ebd., S. 74.
17 Ebd., S. 78.
18 Ebd., S. 89 f.
19 Hesse, Hermann, *Der Kreuzgang von Santo Stefano*. In: Ders., *Ausgewählte Gedichte*. Berlin 2011.
20 Klavierauszug, S. 88.
21 Ebd., S. 12.
22 Ebd., S. 40.
23 Ebd., S. 41.
24 Ebd., S. 45.
25 Ebd., S. 50.
26 Ebd., S. 169 f.
27 Ebd., S. 183.
28 Ebd., S. 199: »Ich tanz, ich tanz die letzte Glut der Liebe«.
29 *Ein »gefährlich Spiel«*, Interview mit Karoline Gruber, wie Anm. 10, S. 14.
30 Ebd., S. 15.
31 Klavierauszug, S. 8.
32 Ebd., S. 14.
33 Ebd., S. 27.
34 »Sie wollen mich noch schöner? […] Zum Spiegel! Zum Spiegel!«, ebd., S. 33 f.
35 6. Szene: »Paul, Paul!«, ebd., S. 56 ff.
36 Ebd., S. 158 (3. Bild, 2. Szene).
37 Ebd., S. 110 ff.
38 Ebd., S. 143.
39 Ebd., S. 161.
40 Ebd., S. 204.
41 Ebd., S. 208.

Mehr als Namensgleichheit von Erich Wolfgang Korngolds Oper »Die tote Stadt« und Egon Schieles Gemälde »Tote Stadt«?

Ein Crossover zur bildenden Kunst

von Heide Stockinger / Robert Oltay

Einbegleitung

Am 14. Dezember 2018 lud die Kunstsammlung des Landes Oberösterreich zur Vernissage der Ausstellung RESIDENCE ART / ARTS IN RESIDENZ in die Brückengalerie im Ursulinenhof. Die drei ausstellenden Künstler hatten gemeinsam, in einem der Gastateliers des Landes Oberösterreich einen Monat lang künstlerisch gearbeitet zu haben. Der freischaffende Maler und Grafiker Robert Oltay, einer der drei Künstler, hatte den Oktober 2017 im Egon Schiele Art Center, Krumau, Tschechien, verbracht und stellte die künstlerische Ernte seines Arbeitsaufenthaltes aus.

Da ich mit Robert Oltay in freundschaftlichem künstlerischem Austausch stehe und seine Arbeiten sehr schätze, besuchte ich die Vernissage. Als ich den Ausstellungsraum im 2. Stock betrat, hatte ich ein Aha-Erlebnis. In einer langgestreckten Vitrine befand sich eine mehrere Meter lange Rolle aus Papier, die sogenannte »Krumau«-Rolle mit einer vertexteten Bildgeschichte. Ich fing mit der Betrachtung am linken Beginn der Rolle an. Ins Auge stach mir sogleich ein farbiges Gebilde, das ein verkapseltes Häuserensemble mit verschachtelter Dachlandschaft in sich barg, und dessen spitz zulaufender Turm in die Wolken hineinragte. Mein Blick fiel auf den erklärenden Schriftzug »Kathedrale der Erinnerung« und auf Gedichtzeilen, die sich entlang der rechten Front der Kathedrale hinzogen und sich als die Strophen des Lautenliedes aus Erich Wolfgang Korngolds Oper »Die tote Stadt« entpuppten. Unschwer zu erkennen, dass das Häuserensemble dem Gemälde von Schieles »Tote Stadt« nachempfunden war! Die lange Papierrolle, ausgerollt wie ein Filmstreifen, enthielt zu meinem größten Erstaunen sowohl Schiele-Anklänge als auch eine mit bildhaften und getexteten Opernhinweisen gespickte Geschichte. Da hatte doch tatsächlich Robert Oltay die Schiele-Stadt Krumau auch zu einer Korngold-Stadt gemacht! Und Korngold, und vor allem seine Oper »Die tote Stadt«, war und ist noch Gegenstand meiner literarischen Recherchen, die in eine Buchpublikation aufgenommen werden sollen …

Egon Schiele, geboren am 12.6.1890 in Tulln, war etwas älter als der am 29.5.1897 in Brünn geborene Erich Wolfgang Korngold und studierte schon in Wien, als der 3-jährige Erich mit seinen Eltern und seinem größeren Bruder in die Metropole übersiedelte. Neugier herrschte allenthalben in den Jahren vor dem Ersten Weltkrieg in den Künsten und in den Wissenschaften (auf die hier nicht näher eingegangen wird), vieles hatte nebeneinander Platz, ein Lehár mit seinen plüschigen, in den Salons spielenden Operettenstoffen ebenso wie Arnold Schönberg, der Erfinder der Zwölftonmusik, der Psychoanalytiker Sigmund Freud mit seiner revolutionären »Traumdeutung«, der Philosoph Otto Weininger mit seinem haarsträubenden Frauenbild zwischen Heiliger und Hure, die Jugendstil-Architekten, das musikalische Wunderkind Erich Wolfgang, das selbst Hofoperndirektor

Gustav Mahler beeindrucken konnte, und natürlich auch der expressionistische Maler und Zeichner Egon Schiele, dessen Rang als der in Österreich wohl bedeutendste bildende Künstler des 20. Jahrhunderts noch nicht erkannt war. Das kulturelle Leben nach der Jahrhundertwende war für die Künste unglaublich reich an Entfaltungsmöglichkeiten, und dass das Kaiserreich bald Historie sein sollte, vermutete niemand. Dass aber im verarmten Wien mit seiner hungernden Bevölkerung, die sich auf einmal in einem Rumpfstaat befand, nach Ende des Ersten Weltkriegs wieder Aufbruchstimmung herrschte, dass die Künste florierten, wenige Jahre später aber als »entartet« und samt ihren Schöpfern als auszurottende verkündet wurden, ist aus heutiger Sicht eine fast zu unglaubliche Geschichte, um wahr zu sein – dennoch hat sie sich so abgespielt, der jüdische Komponist Korngold überlebte mit seiner Familie nur knapp, viele Korngold-Verwandte nicht. Schiele war schon 1918 an der Spanischen Grippe gestorben. Beide haben eine »Tote Stadt« mit Symbolkraft hinterlassen, eine unvergleichliche Oper dieses Namens und ein meisterliches Bild in Öl dieses Namens. Der zeitgenössische Künstler Robert Oltay nahm sich des Stoffes »Tote Stadt« an, nach dystopischer Golgotha-Leiderfahrung kommt es in seiner Arbeit »Die Krumau-Rolle, 2017, 50 × 1028 cm, auf Aquarell – Büttenpapier 300 g, Fabriano« zu einer überraschenden Wendung.

Geleit durch Lebenszeit

Heide Stockinger und Robert Oltay im Gespräch, Oktober 2021

Robert, wie kam es zu deiner Beschäftigung mit Korngolds Oper »Die tote Stadt«?

Meine Idee war, wenn ich schon in Krumau bin, dass ich eine Geschichte dazu entwickle auf einer »Rolle« und eine Brücke schlage von Schieles Bild »Tote Stadt III« zu Korngolds Oper »Die tote Stadt« …

Du hast mir einmal erzählt, dass dieses Brücke-Schlagen noch niemandem sonst eingefallen ist – wäre ja naheliegend wegen der Namensgleichheit von Korngolds Oper und Schieles Gemälde.

Das ist lieb von dir, dass du das behalten hast. Ich habe vor meiner Abreise nach Krumau angefangen, zu Korngold und seiner Oper zu recherchieren, allerdings nicht so genau wie ein Musikwissenschaftler! Ich wollte herauszufinden, ob die Namensgleichheit von Oper und Gemälde schon einmal angedacht worden war, habe aber nichts dergleichen gefunden. Ich habe versucht, Verbindungen herzustellen zwischen den Sektionen Musik und Malerei. Ich entwickelte ein Traumbild. Der »Traum« passt ja gut zu dieser Zeit, in der beide, Schiele und Korngold, gelebt haben. Der Inhalt des symbolistisch aufgeladenen düsteren Romans »Das tote Brügge« von Georges Rodenbach, schon 1892 erschienen, ist von Vater Julius und Sohn Erich Wolfgang Korngold, die das Libretto verfasst haben, umgedeutet worden …

Ja. Ursprünglich waren Vater und Sohn auf die deutsche Übersetzung der Rodenbach'schen Dramatisierung seines Romans gestoßen. Ihrer »Umdeutung« des Stoffes im Libretto haben sie den vorläufigen Arbeitstitel »Triumph des Lebens« gegeben.

»Ich liebe den Tod und liebe das Leben« – Gedichtzeile von Schiele!

Du bist also nach Krumau gekommen und hast schon gewusst, dass es eine Oper von Korngold gibt, hast dich schon mit der literarischen Vorlage zur Oper von Korngold beschäftigt. Das ist nicht selbstverständlich! Viele können mit »Korngold« nichts anfangen. Du hast auch schon gewusst, dass die Liedzeile »Glück, das mir verblieb« aus der Oper »Die tote Stadt« ist.

Zunächst begegnet bin ich Mariettas Lied im Soundtrack des Films »The Big Lebowksi« der Cohen-Brüder. Der Kontext zur Oper war erst nach genauerer Recherche hergestellt, die ich schon in Linz begonnen hatte. Nach Krumau habe ich mir weiterführende Literatur mitgenommen, den Georges-Rodenbach-Roman zum Beispiel. Sah mir auch verschiedene Aufführungen der Oper am Bildschirm an und habe mitgekriegt, dass die Oper eine Renaissance erlebt, vielleicht deshalb, weil eine Traumwelt fasziniert, von der man nicht weiß, wo hört sie auf, wo fängt die Realität an. Die Parallelität drängt sich mir als Maler auf, denn wo die Wörter aufhören, fängt die Malerei an, und, irgendwo, wenn die Malerei wieder aufhört – es gibt kein besseres Ausdrucksmittel –, kommen wieder die Worte, und sobald man Worte findet, kommen wieder die Bilder.

Aber das ist, glaube ich, ein besonderer Zugang von dir, eine besondere Spezialität von dir, dass du diese Synästhesien entwickeln kannst. Deine gemalte »Krumau-Rolle« ist ein Drehbuch, mit Zusatz-Betonung auf »Buch«. Hast du Zugang zu Korngolds Musik?

Ich höre gern Musik, aber beim Anhören von Musikbeispielen über YouTube habe ich schon erkannt, dass Korngolds Musik doch recht anspruchsvoll ist, und, so wie auch Mahlers Musik, auch die von Schönberg, ein Abgesang ist auf ein Jahrhundert, und diesen »Abgesang« spürt man auch bei Schiele.

Das ist schön gesagt!

Von 1911 bis 1912 lebte Schiele in Krumau, der Geburtsstadt seiner Mutter, er hatte genug vom »Wiener Leben«! Es sollte eine sehr produktive Phase werden. Doch hielt es ihn in Krumau nur ein Jahr, der damals spießigen Gesellschaft gefiel das nicht, die wilde Ehe mit Wally Neuzil und der Besuch von Kindern in seinem Atelier. Er war ein Getriebener, das merkt man auch bei seinen Zeichnungen, weil seine Zeichnungen sehr lebendig sind und auch viel zeitgemäßer als seine Gemälde, die brav ausgeführt sind. Die Zeichnungen sind oft als Fragment stehen geblieben. Da gibt's Theorien, dass er nicht nur deshalb, weil er ein Getriebener war, die Arbeit als Fragment hinterlassen hat, sondern aus seinem großartigen Können heraus die Hälfte des Blattes freiließ wegen der Bedeutung, die freigelassene Stellen haben.

Ich finde es genial, dass er und an welchen Stellen er einfach nicht weitergemacht hat!

Bei der Lyrik hat er weitergemacht! Er war nicht nur ein Maler, sondern auch ein Lyriker. Ich besitze das bebilderte Buch »Der Lyriker Egon Schiele, Briefe und Gedichte 1910 – 1912«, das 2008 im Prestel Verlag in Zusammenarbeit mit der Schiele-Dokumentation des Leopold Museums erschienen ist.

Du bist ja auch eine Doppelbegabung, deine »Rollen« enthalten handschriftliche Texte, teils solche von dir, als Autor, teils, wie bei der Krumau-Rolle, Gedichte und Brieftexte von Schiele und Texte aus Rodenbachs Buch und aus Korngolds Opernlibretto.

Sehr vermessen, Doppelbegabung zu behaupten. Aber bei Schiele muss man sich vorstellen: Er lebte in einer Epoche, wo viele Gesamtkunstwerke entstanden sind. Gustav Klimt, die Wiener Werkstätten …

Die Themen der Korngold-Oper, die Zitate aus dem Opernlibretto – das ist für mich das Erstaunliche – harmonieren irgendwie mit Schieles Gedichten. Deine Bildelemente, für den einen Stoff wie für den anderen, vermengen sich, eine Bildkomposition entsteht aus den künstlerischen Hervorbringungen von Schiele und Korngold und sie gehen eine Symbiose ein. Ganz spannend finde ich, dass auch Überlegungen und autobiografische Notizen von dir, handschriftlich festgehalten, assoziativ in das Bild-Wort-Geschehen eingeflochten sind.

Parallelen gibt es viele auf der Rolle. Zum Beispiel die Getriebenheit: Korngold musste auf Grund der politischen Wirrnisse die Emigration ergreifen und von seiner ursprünglich intendierten Musik abweichen, ist zur Filmmusik gekommen, hat zwar große Anerkennung erlangt, aber tragikomisch ist es schon, dass er die ernste Musik, seine vorherige, verlassen hat und sich an diese neuen Begebenheiten, die künstlerischen wie auch die sozialen, anpassen musste – so weit konnte

Schiele gar nicht kommen, weil er von der Spanischen Grippe hinweggerafft worden war ... Aktualität durch Corona!

Deine papierene »Film«-Rolle: Bild und Wort haben Berührungspunkte. Die Animation der Rolle auf YouTube, die du initiiert hast, fügt eine Facette hinzu, die des bewegten Bildes. Die Gemengelage entwickelt sich zu einer gesamtheitlichen Synthese und das finde ich sehr schön.

Nicht stehen bleiben, Bewegung! Das Titelblatt für die zur Krumau-Rolle erschienene Broschüre führt zur Thematik »außen«, »innen«, die Mauer des Krumauer Schlossberges durchdringen wollen, »bleiben« oder »gehen (müssen)«.

Äußeres und inneres Geschehen, auch in der Oper! Seelenzustände werden transponiert, bei dir mittels deiner Talente, in der Oper mittels Korngolds Talenten, aber der Übergang von der Realität zum Traum, zur Vision, zur Phantasmagorie, zu einer anderen Bewusstseinsebene kann dadurch nicht genau definiert werden.

Nach dem Bild »Storyboard« mit der Ideensammlung und nach dem Inhaltsverzeichnis, beide Bilder mit mäandrierendem Fluss, kommt auf der Rolle dieses berühmte Bild von Schiele, die »Tote Stadt III«, ...

... von dir »paraphrasiert!« Um das Stadtmotiv herum ist der goldene Zopf gewunden und »schnürt« es zu – Anspielung aufs spätere letale Geschehen! Dein farbschattiertes Dächer- und Hauswände-Konglomerat rund um eine alte Mühle ist hineinkomponiert in ein Gebäude, das du »Kathedrale der Erinnerung« nennst. Der Bezug zu Krumau ist dein Bild der Stadt, der Zopf ist die Moldauschlinge – das ist so eine dichte Assoziationskette, und dann auch die auf den freien Flächen rund um die Kathedrale ins Bild gestreuten Schriftzüge, das »Lautenlied« aus der Korngold-Oper zur Gänze, mit Feder und Tusche ...

Georges Rodenbachs und auch Korngolds trauernder Witwer haben aus ihrer Wohnung eine Gedenkstätte gemacht. Alles, was von der geliebten verstorbenen Frau geblieben ist, behandeln sie als Reliquien, besonders den Zopf. Sie wohnen in einer »toten« Stadt, Hugues aus Rodenbachs Roman wohnt in Brügge mit seinen stillgelegten Wasserkanälen, Paul aus Korngolds Oper in einer »toten« Stadt an einem ungenannten Fluss. Vielleicht haben Vater und Sohn Korngold an Wien gedacht, die Metropole eines Weltreichs, die zur Bedeutungslosigkeit herabgesunken war.

Wasser hat Symbolkraft. DIE AUFGESTELLTE STADT WAR KALT IM / WASSER VOR MIR – *so heißt die letzte Zeile von Schieles Krumau-Gedicht »Nasser Abend«, das du mir vorgelesen hast. Davor ist, synästhetisch, die Rede von Mücken, die sängen wie Drähte im Wind …*

Auf Motivsuche sind schon 1968 Rudolf und Elisabeth Leopold nach Krumau gekommen. Sie beschreiben ihre Eindrücke. Die »tote Stadt« war damals leblos und leer. Die Fensterscheiben zerbrochen, aus den Dächern wuchsen Bäume, die schönen alten Mauern waren verfallen.

Der wechselvollen Geschichte des Gemäldes, der Restitution und seiner endgültigen Rückkehr in die Sammlung Leopold sollte ein eigenes Kapitel gewidmet sein!

Das bedeutungsschwangere Gemälde in Öl auf Holz, dessen Wert man lange gar nicht einschätzen konnte und das einem ständigen Besitzerwechsel unterlag, ist eigentlich sehr klein – 37,3 × 29,8 cm. Ich habe auch mehrmals nachgelesen und versucht, Lösungen zu finden, warum Schiele das Bild so betitelt. Natürlich kann man sagen: das Bild strahlt eine nächtliche Ruhe aus, und Schlaf und Tod sind ja auch nah beieinander. Die Fenster sind alle dunkel, man sieht kein Licht mehr, man sieht nur die hellen Flecken der Wäsche, die vor den Fenstern auf Schnüren aufgehängt sind.

Faszinierend, welche Korngold'sche Variante in deinem Atelier aus dem Schiele-Bild geworden ist …

Was ich bei dieser Rolle, auch bei meinen anderen Rollen angewendet habe, ist, Textstellen hineinzugeben. Diesmal habe ich überlegt, meine Biografie hineinzuflechten, aber ich bin noch nicht so weit. Nur eine »Erinnerungsbox« mit Memorabilia zur späteren künstlerischen Verwertung hat ins Bild müssen! Meine Eltern sind 1956 aus Ungarn geflohen, haben mehrmals den Wohnsitz gewechselt, der Vater, Chemiker, war zunächst in Deutschland, hat immer nach einem besseren Ziel gesucht, gelangte schließlich nach Holland, als Professor an eine Universität, später, in Linz, war er der Gründer des Institutes für chemische Technologie organischer Stoffe. Ich war 15, als ich nach Linz gekommen bin, und habe hier Wurzeln schlagen können ... aber ich hatte diese Übersiedlungen immer bewusst miterlebt, daher kann ich mich unpathetisch in diese Lage hineinversetzen, wie man einiges aufgibt, alles aufgibt, um wegzukommen, um weiterzukommen ...

Du denkst an Korngold!

Ja, an seinen Lebensweg. Unser aller Lebenswege. Schiele war oft am Krumauer Kalvarienberg. In einem Gedicht stellt Schiele unter dräuenden, weiß-blauen Wolken auf kahler, gelbbrauner Erde die drei Kreuze von Golgatha dar. Kleine Bäumchen, vom Wind gepeitscht, gehen mühsam den Berg hinauf. Nicht nur die christliche Lehre steht Pate, das ganze Leben ist wie ein Golgatha, man kommt von einer Station zur nächsten, man wird geprüft, erreicht einen neuen Level. Ich habe das auf meiner Rolle bildlich festgehalten.

»Festhalten« – das führt mich zu einer Frage. Man sieht das nicht gleich: Auf dem Kalvarienberg-Bild deiner Rolle strecken Touristen ihre Arme mit Mobiltelefonen den Sehenswürdigkeiten entgegen ...

Ich habe bei meinem Aufenthalt in Krumau Chinesen getroffen, die sagten, sie würden nur wenige Tage frei haben im Jahr, und da wollten sie so viel wie möglich sehen!

Ja, und? Sie fotografieren alles, was nur geht ...

Wir kommen zum Zopf und zur Schändung –

»?«

Die »Schändung«, die ich in meiner Rolle mit dem Zopf als Fetisch zum Thema mache …, ja, es gibt zum Mobiltelefon Berührungspunkte! Es hat mich erschüttert, mir Gänsehaut erzeugt, als ich gelesen habe, dass dieses Brügge, Rodenbachs »tote Stadt«, diese Stadt des Niederganges, einmal DER blühende Handelshafen Europas war! Dass eine Springflut Ende des 15. Jahrhunderts die Mündung der Wasserstraße zum offenen Meer hin versperrt hat, und ab diesem Zeitpunkt Brügge nur so vor sich hinvegetiert hat, die reichen Kaufleute sind weitergezogen, nach Norden, nach Amsterdam, wo es wieder Häfen gegeben hat mit Schiffen, die die Welt entdeckt haben. Heute sind die Touristen begeistert von Krumau, Horden stürmen die Stadt, weil: man spürt diese Melancholie, und das ist schön, erinnert aber auch irgendwie an den Tod. Schiele hat das in einem Gedicht verinnerlicht, es endet mit »Ich liebe den Tod und liebe das Leben« – du hast diese Stelle schon zitiert! Berührungspunkt zu »Die tote Stadt«: am Höhepunkt der Oper, der »heiligen Prozession«, die bei Rodenbach »Heilig-Blut-Prozession« heißt, provoziert die Doppelgängerin Marietta den Witwer, der ihr verfallen ist, mit dem Herausreißen des goldenen Zopfes der Verstorbenen aus dem Reliquienschrein und dem triumphalen Schwingen dieser »Trophäe« über ihrem Kopf so sehr, dass er diese Schändung seiner Reliquie mit einer Bluttat rächt, der Zopf ist das Mordinstrument, er schlingt ihn um ihren Hals und schnürt zu … wobei: »geschändet« hat er zuvor auch Marietta. Er hat nicht sie geliebt, sondern in Marietta seine Verstorbene gesehen, Marietta musste Maries Kleider tragen … Hitchcock verarbeitet das auch in seinem Film »Vertigo«!

Nun weiß ich nicht, worauf du hinauswillst … wir waren bei den Handys der Touristen.

Krumau wird auch geschändet, durch diese Lüsternheit der Gaffer, die gar nicht so viel verstehen, die die ganze Stadt überrennen, Tagestouristen ohne böse Absicht, aber man merkt, da steckt die Tourismusindustrie dahinter, und die Häuser sind für sie Kulissen und werden wie Material behandelt, wenn sie ihre Smartphones in die Höhe strecken ... bei Venedig ist es ähnlich ...

Es scheint dir wichtig, zeitgeistig zu sein. Identifikation mit dem, was wir heute zu tun hätten. Die Geschichte, die du auf deiner Rolle erzählst, ist immer auch eine, die in die Zukunft zielt.

Nach dem Verlassen der Kathedrale des Gewesenen über verschiedene Stationen eine Verbindung zwischen Diesseits und Jenseits, die den Tod überwindet, zu schaffen und vom Rasterpapier auf die Rolle zu zaubern, war furchtbar schwierig.

Diesem Zaubern auf die Rolle gehen diverse Arbeitsschritte voraus. Aquarelle auf »MM-Papier« sind von beschriftetem Transparentpapier überlagert. Soweit habe ich deine Erläuterungen begriffen. Das Zitat in der schon erwähnten Broschüre »Farbige und monochrome Zeichnungen schimmern durch transluzide Layer, die eine Rekonstruktion von Erinnerungsschichten darstellen« bringt mich in meinen Überlegungen weiter. Deine Arbeitsmethode ähnelt der eines Komponisten. Eindimensionale Partituren ergeben, wenn das Orchester spielt, Klangfülle als Raumerlebnis.

Ja, der Vergleich hat was für sich. Aber ein Notenblatt ist nicht »eindimensional«. Und »Klangbild« gefällt mir besser, dafür, was beim simultanen Spiel der Instrumente entsteht. Auf meine Arbeit umgelegt: Die »Zopfszene« hat vieler Entwürfe bedurft, viele kompositorische Fragen sind aufgetaucht, Motive Schicht auf Schicht gelangen zu einem Gesamteindruck.

Nicht im Roman, aber in Korngolds Oper ist es, welche Ambiguität!, das Mordwerkzeug, das den Weg aus der Erstarrung möglich macht. Ein rezenter Tagesrest lässt Paul in der Traumsequenz Marietta ermorden – Sigmund Freud lässt grüßen – und lässt ihn wieder ins Leben zurück-

finden, weil er sich seiner »Obsession« durch die katharsische Erfahrung entledigt hat. Der zuschnürende Zopf, der Marietta vom Leben zum Tod gebracht hat, ist bei dir als (Moldau-)Schlinge dargestellt. Zitat von dir aus deinem Logbuch vom 9. und 10. Tag deines Aufenthaltes im Schiele-Centrum: »Die Verflechtung des Zopfes mit dem Wasser vielleicht zu einer Ode an das Leben verknüpfen.«

Ja, nach Golgatha und der Innen-außen-Thematik nimmt auf meiner Rolle der Zopf eine wichtige Rolle ein.

Besonders eindrucksvoll auf der Rolle folgender Bildausschnitt: Eine nackte Frau im Wasser hat die Arme seitlich weggestreckt, man ist an einen Christus am Kreuz erinnert. Unsichtbare Mächte hatten sie am langen Zopf gepackt und sie in unbekannte Höhen gezogen, das schmerzt beim Hinschauen. Ihr Körper bleibt unter Wasser, aber schon knapp oberhalb des Wasserspiegels eine runde Trennscheibe, durch die der Zopf hindurchgezogen ist –, um wohin zu gelangen? Von der Dystopie ins Elysium?

Ich zitiere aus meinem Logbuch vom Montag 30.X.2017, 28. Tag: »Jetzt kommt Dystopia nach der gestern fertiggestellten Zopf-Szene, wo die mittlere Indigoschicht als Membran zwischen Traum und Wirklichkeit dargestellt ist. Der Zopf stellt die Brücke, die Verbindung von Diesseits und Jenseits, Glaube und Fantasie, dar. Glaube-Vision-Utopia-Dystopia-Desillusion – zu einer neuen Vision –, Ankommen und Verlassen. Paul musste in der Oper die Kathedrale des Gewesenen verlassen, sonst hätte ihn die ständige Trauer wahnsinnig werden lassen.«

Auf der Rolle sehe ich für die Dystopie keine Bildentsprechung beziehungsweise verstehe ich die Bezüge nicht …

Zwischen cm 820 bis cm 920 auf der Rolle, im 7. Kapitel meiner Geschichte zwischen Kapitel »Zopf-Schändung« und Kapitel »Leaving Dystopia«, ist in fahlen Farbtönen ein ausgetrocknetes Meer dargestellt, ein Schiff, das festsitzt, der Himmel öffnet sich, im Vordergrund eine Hausruine, auf deren Spitze eine Figur mit einer weißen Fahne Signale absetzen möchte. Im Text ist die Ermordung beschrieben.

Ja, dass sich ein helles Himmelsband über einer Ödnis mehr und mehr öffnet, sehe ich ...

Mein letzter Eintrag ins Logbuch lautet: »Heimreise am 31. Oktober – am Todestag Schieles (31.X.1918). Nach Dystopia geht es zu den Himmelsbrücken ... Paradies ... In meines Vaters Hause sind viele Wohnungen ... Fertigstellung der Rolle am 5. Dezember 2017 in meinem Atelier.«

Ausbegleitung

Robert, es hat sich bei deiner Arbeit eine Analogie ergeben; du hast in deiner Krumau-Rolle, die einer Filmrolle gleicht, dem Filmmusik-Komponisten Korngold deine Referenz erwiesen. War dir das von Anfang an bewusst?

Nein ...

... und das trotz des dichten Beziehungsgeflechtes, welches du auf deiner »Film«-Rolle bis in die Jetztzeit fortgesponnen hast! Definieren wir die Jetztzeit mit der Zeitspanne unserer Zeitgenossenschaft, also ab etwa 1945. Nach dem Zweiten Weltkrieg war »überhaupt Schluss«, da war gar nichts mehr, da war »ground zero«, sagst du ...

Ja, wir Menschen, auch die Künstlerinnen und Künstler, mussten wieder von vorne anfangen. Neuanfänge habe ich bei Schiele trotz der kurzen Lebenszeit schon immer gespürt. Und für meine Arbeit spüre ich das auch so, wenn ich etwas erreicht habe, einen Punkt, will ich das nicht bis zum Lebensende kultivieren, viele machen das, ist ein scheinbar sicherer Weg, ich will das nicht, will nicht zum Produzenten einer Ware werden, schlage Haken und fange neu an ...

Ich überlege, ob Korngold auch Neuanfänge gewagt hat? Ja, er hat schon in den 40ern begonnen, sich vom Filmgeschäft abzunabeln und wieder frei zu komponieren. Er schrieb unter anderem ein Violinkonzert, Lieder und eine sinfonische Serenade. Er versuchte ab den 50ern wieder in Wien Fuß zu fassen.

Manche Künstler haben vor Ausbruch des Ersten Weltkriegs schon gespürt: So kann es nicht mehr weitergehen, es ist ein Tanz auf dem Vulkan. Dann sank 1912 auch noch die »Titanic«! Der Untergang der Titanic, mehrmals verfilmt, steht symbolisch für diesen frivolen Tanz und den Glauben, dass alles machbar sei. Diese Fortschrittsgläubigkeit, mit einem unsinkbaren Schiff einen Geschwindigkeitsrekord aufzustellen! Vergleiche stellen sich ein mit dem gerade entdeckten Weltraumtourismus …

Du glaubst an Vorahnungen von Künstlern. Glaubst du auch daran, dass Künstler in ihren Werken ihre Zeit widerspiegeln sollten? Oft ist es doch so, dass sich Künstler in andere Welten hineinflüchten … wie soll Kunst sein??

Schiele hielt am Montag, den 22.4.1912, fest: »KUNST KANN NICHT MODERN SEIN, KUNST IST UREWIG.«

So einfach ist die Frage wohl nicht zu beantworten?

Nein. Ich meine, dass es interessant ist, wenn ein so moderner Künstler, wie es Schiele war, so was postuliert. Künstler sind Seismografen, sie können also Vorahnungen haben. Diese können einerseits wütend geäußert werden, durchaus auch in Bildern (Kokoschka!), sich aber auch in einem scheinbar harmlosen Stillleben darstellen. Am besten, das Visionäre stellt sich im Nachhinein heraus. Aber das kann man im Zeitpunkt der Entstehung noch nicht wissen. Am besten es passiert nicht mit Absicht … Allgemeingültigkeit, also das angesprochene EWIGE, und Modernität im Sinne von Aufspüren von Zeitfragen schließen sich nicht aus. Am besten sie sind deckungsgleich. Mit dem Zeitgeist alleine wäre ich aber vorsichtig, denn der ist sehr bald obsolet.

Wunderbar formuliert! Ich kann zu Korngolds Oper »Die tote Stadt« nur sagen, dass diese zur Zeit der Aufführungen in den 20ern der »Moderne« zugerechnet wurde – Hermann Bahr hat den Begriff in einer seiner theoretischen Schriften geprägt! Schon in den 30ern verschwand die Oper aus dem Repertoire, auch in Ländern, wo es keine Rolle spielte, dass Erich Wolfgang Korngold Jude war. Dass sie seit einigen Jahren in vielen Städten Europas und auch in Übersee wieder vermehrt aufgeführt wird, bedarf einer langen Analyse ... Wie ist es mit Korngolds Vertonung des Stoffes? Bitte sag es mir, wie es dir ergangen ist. Filme mit guter Filmmusik sind aufgewertet. Hat Korngolds Musik dazu beigetragen, dass der Stoff seiner Oper »Die tote Stadt« für dich erst die nötige Brisanz erlangt hat? Schließlich ist unsere Gemeinschaftsarbeit ja Teil eines Buchs über einen bedeutenden Komponisten ...

Nun auf alle Fälle, ohne die komponierte Musik Korngolds wäre es nur ein Libretto seines Vaters, vielleicht vergleichbar einem Gemälde ohne Farbe. Mein Professor Peter Kubovsky verglich die Malerei mit einer Oper ... Sie ist ein Gesamtkunstwerk, also etwas sehr Komplexes – diese Gefühle hatte ich beim Anhören der Oper »Die tote Stadt«. Nicht ohne Grund wird sie jetzt neu entdeckt!

54 Maria Jeritza als Marietta an der Wiener Staatsoper 1921, Skizze von Olga Raphael-Linden (»Moderne Welt«, 2. Jg., Heft 11).

Anhang

Biografische Übersicht zu Erich Wolfgang Korngold

29. Mai 1897 Erich Wolfgang Korngold wird in Brünn, Mähren, als jüngerer Sohn von Dr. Julius und Josefine Korngold geboren.
1901 Übersiedlung nach Wien. Vater Julius wird Musikkritiker der Neuen Freien Presse.
1907 Der kleine Erich macht als komponierendes Wunderkind Gustav Mahler auf sich aufmerksam. Dieser empfiehlt als Lehrer den Dirigenten und Komponisten Alexander von Zemlinsky.
1908/09 Die 1. Klaviersonate in d-moll entsteht.
1910 Ballettpantomime »Der Schneemann« wird an der Wiener Hofoper und Klaviertrio op. 1 in München uraufgeführt.
1911 Uraufführung des ersten für Orchester komponierten Werks, der »Schauspiel-Ouvertüre« op. 4.
1913 Sinfonietta in B-Dur op. 5 wird in Wien und Violinsonate G-Dur op. 6 in Berlin uraufgeführt.
1916 Erfolgreiche Uraufführung der Operneinakter »Der Ring des Polykrates« op. 7 und »Violanta« op. 8 in München, wenig später Premiere in Wien mit Maria Jeritza.

55 Maria Jeritza und Orville Harrold in der New Yorker Erstaufführung der »Toten Stadt«, 1921.

1917	Militärdienst im k. u. k. Infanterieregiment. Streichsextett in D-Dur op. 10 uraufgeführt unter Mitwirkung des berühmten Rosé-Quartetts.
1920	Musik zu Shakespeares »Viel Lärm um nichts« mit beliebter gleichnamiger Suite op. 11. Uraufführung seiner erfolgreichsten Oper »Die tote Stadt« op. 12 zeitgleich in Hamburg und Köln am 4. Dezember.
1921	Berufung an das Stadttheater Hamburg als Dirigent.
1923	Beginn seiner ebenfalls sehr erfolgreichen Tätigkeit als Bearbeiter von Operetten, vor allem von Johann Strauss, mit einer Neufassung von »Eine Nacht in Venedig« (mit Richard Tauber).
1924	Louise (Luzi) von Sonnenthal, Enkelin eines berühmten Burgschauspielers, wird seine Frau. Uraufführung des 1. Streichquartetts op. 16 durch das Rosé-Quartett und des Klavierkonzerts für die linke Hand op. 17 durch den Auftraggeber, den Pianisten Paul Wittgenstein.
1925	Geburt des ersten Sohnes Ernst Werner.
1926	Erich Wolfgang Korngold erhält den Kunstpreis der Stadt Wien.
1927	Korngolds umfangreichstes und anspruchsvollstes Bühnenwerk »Das Wunder der Heliane« op. 20 wird in Hamburg uraufgeführt. Lotte Lehmann und Jan Kiepura singen die Hauptrollen noch im selben Jahr in Wien. Professur für Komposition an der Wiener Musikakademie.
1928	Geburt des zweiten Sohnes Georg Wolfgang.
1929	Beginn einer fruchtbaren Zusammenarbeit mit Max Reinhardt: Umarbeitung der Strauss'schen »Fledermaus« für Berlin.
1933	Die Korngolds verbringen ihren ersten glücklichen Sommer auf Schloss Höselberg; Arbeit an der fünften Oper »Die Kathrin«. Aufführungsverbot von Korngolds Werken in Deutschland.
1934	Erste USA-Reise; der Komponist bearbeitet die »Sommernachtstraum«-Schauspielmusik von Mendelssohn-Bartholdy für den gleichnamigen Max-Reinhardt-Film.
1937	Korngold erhält den ersten Oscar für die Musik zum Film »Anthony Adverse«.

> **Uraufführung der «Kathrin» auf nächstes Jahr verschoben**
>
> Wir berichteten bereits vor einiger Zeit, daß sich der für die heurige Saison beabsichtigten Uraufführung der Korngold-Oper „Die Kathrin" gewisse Besetzungsschwierigkeiten entgegenstellen, die eine Verschiebung der Premiere wahrscheinlich machen. Diese Vermutungen werden nun bestätigt. Da es geplant war, das Werk in einer besonders glänzenden Aufmachung herauszubringen, sollten die Hauptrollen mit Künstlern von internationalem Rang besetzt werden. Leider stehen aber weder Jan Kiepura noch Richard Tauber, noch Koloman Pataky für die Tenorrolle zur Verfügung, da alle drei Sänger in der in Frage kommenden Zeit nicht in Wien sind. Wie wir hören, hat sich darum die Direktion der Staatsoper entschlossen, die Uraufführung der Oper „Die Kathrin", deren Text Ernst Decsey geschrieben hat, für die Saison 1938/39 anzusetzen.
>
> **Korngold nach Hollywood**
>
> Mit ausschlaggebend für diesen Entschluß war wohl auch die Tatsache, daß Erich Wolfgang Korngold, der bei der Einstudierung und Uraufführung seines Werkes natürlich anwesend hätte sein sollen, einer dringenden Filmverpflichtung wegen nach Hollywood zurückberufen wurde. Der Komponist bricht darum seinen Wiener Aufenthalt ab und begibt sich, wie wir erfahren, noch im Laufe des heutigen Tages auf die Reise nach Amerika.

56 »Die Stunde« verkündet am 26. Januar 1938 die Verschiebung der Uraufführung von »Die Kathrin« – weil kein passender Tenor zur Verfügung stehe und Korngold auf dem Weg nach Hollywood sei.

1938	Zur geplanten Uraufführung der »Kathrin« in Wien kommt es vor allem aus politischen Gründen nicht. Der Komponist weilt schon vor dem »Anschluss« Österreichs ans »Dritte Reich« in Hollywood und findet dort eine neue Heim- und Wirkungsstätte.
1939	»Die Kathrin« op. 28 wird in Stockholm uraufgeführt. Zweiter Oscar für die Musik zum Film »The Adventures of Robin Hood«.
1943	Verleihung der amerikanischen Staatsbürgerschaft.

1945	Tod des Vaters Dr. Julius Korngold im amerikanischen Exil.
1946	Der Film »Deception« ist der letzte mit Korngolds eigener Filmmusik; Rückkehr zur ernsten Musik mit dem 3. Streichquartett in D-Dur op. 34 und dem Cellokonzert in D-Dur op. 37, dessen Musik in verkürzter Form im Film »Deception« erklingt.
1947	Violinkonzert in C-Dur op. 35, von Jascha Heifetz uraufgeführt. Schweres Herzleiden lässt Dirigiertätigkeit nur mehr stark eingeschränkt zu.
1949	Rückkehr nach Wien, Besuch auf Schloss Höselberg in Gschwandt bei Gmunden, das schließlich an die Familie Korngold restituiert wird.
1950	Uraufführung der »Symphonischen Serenade« in B-Dur op. 39 durch die Wiener Philharmoniker unter der Leitung von Wilhelm Furtwängler. Wiener Erstaufführung von »Die Kathrin« op. 28 an der Volksoper.
1951	Erstaufführung der musikalischen Komödie »Die stumme Serenade« op. 36 im Wiener Rundfunk. Rückkehr nach Kalifornien.
1954	Letzte Europareise. Uraufführung der »Symphonie in Fis« op. 40 im Wiener Rundfunk. Richard Wagners Musik arrangiert Korngold für den Film »Magic Fire«; es sollte seine letzte Filmmusik-Arbeit sein.
1955	Neuinszenierung der »Toten Stadt« in München bei Anwesenheit des Komponisten. Neuerliche Rückkehr in die USA.
29. Nov. 1957	Erich Wolfgang Korngold stirbt 60-jährig nach längerer schwerer Krankheit in Hollywood.

* Die biografische Übersicht hat dankenswerter Weise Kurt Arrer zusammengestellt.

Korngold heute – auf der Bühne

(Stand: Jänner 2022)
Der Anlass für die folgenden Anmerkungen, die keinerlei Vollständigkeitsansprüche stellen, ist die Wiederaufnahme der Oper »Die tote Stadt« in den Spielplan der Wiener Staatsoper ab Februar 2022, mit Klaus Florian Vogt, Vida Mikneviciute und Adrian Eröd in den Hauptrollen. Die Willy-Decker-Inszenierung der diesjährigen Wiener Aufführung hatte schon Premiere bei den Salzburger Festspielen 2004, als Koproduktion mit dem Gran Teatre del Liceu Barcelona und der Nederlandse Opera Amsterdam, und war ab Dezember 2004 mehrmals in Wien am Programm, bis 2017. Auch Covent Garden in London war unter Ingo Metzmacher Aufführungsort der Korngold-Oper in der Willy-Decker-Inszenierung, fast 90 Jahre nach der Uraufführung, also im Jahr 2009. Die heurige Aufführung der Oper »Die tote Stadt« erlebt, seit der letzten Wiener Aufführung am 6. Mai 1936 und der darauffolgenden jahrzehntelangen Absenz der Korngold-Oper an der Wiener Staatsoper, seit 2004 eine erfreuliche Aufführungsserie! Es gab zwar eine von der Kritik herabgewürdigte Aufführung der Oper an der Wiener Volksoper ab Mai 1967 (Chefdramaturg der Volksoper war Korngold-Verehrer Marcel Prawy), aber erst 1985 war das »verbliebene« Korngold-Glück, und zwar in einer Berliner Inszenierung vom Jahr 1983 (Regie: Götz Friedrich; eine DVD ist am Markt) wieder ins Haus am Ring eingezogen.

Allerorten in Europa und Übersee ist »das verbliebene Glück« nun Dauergast in Opernhäusern. Im neuen Jahrtausend gab es das »Tote Stadt«-Opernerlebnis in Brünn 2002, an der Deutschen Oper Berlin und in Zürich 2003, an der Finnish National Opera unter dem Dirigat von Mikko Franck 2010 (eine DVD dieser vorzüglichen Aufführung ist am Markt), in Sydney mit ausgelagertem Orchester 2012, am Tiroler Landestheater 2013, an der Hamburger Staatsoper (siehe Aufsatz von Kerstin Schüssler-Bach im Buch) im Jahr 2015 und im selben Jahr in einer hervorragenden Aufführung an der Grazer Bühne, in den Jahren 2014/15 in Chemnitz, 2016 in Basel, 2017 in Warschau, 2018 in Saarbrücken und Toulouse, 2019 an der Mailänder Scala und 2019

Korngold heute – auf der Bühne   211

57 Paul (Stephen Gould) und Marietta (Silvana Dussmann) in der Berliner Inszenierung der »Toten Stadt« 2015.

auch an der Bayerischen Staatsoper, unter der Stabführung von Kirill Petrenko und in den Hauptrollen Jonas Kaufmann und Marlis Petersen in einer Neuinszenierung der Oper von Simon Stone. Des Jubels war nach den Aufführungen im Spätherbst 2019 kein Ende, es bedurfte vieler »Vorhänge«, bis das Publikum den erschöpften Darstellern endlich erlaubte, das (Bühnen-)Feld zu räumen. Die Simon-Stone-Inszenierung kam 2021 erneut an der Bayerischen Staatsoper auf den Spielplan, diesmal mit Klaus Florian Vogt und Elena Guseva in den Hauptrollen. Schon bezahlte Karten wurden zurückerstattet, weil Corona nur eine reduzierte Anzahl an Besuchern zuließ. Die Ausbeute an Aufführungen im Jahr 2020 war mager gewesen – war doch 100 Jahre zuvor im Jahr 1920 zeitgleich in Hamburg und in Berlin die »Tote Stadt« uraufgeführt worden. In Brüssel im Jahr 2020 (und noch 2021) kamen glückliche Besucher, die dem Virus getrotzt haben, in den Jubiläumsgenuss.

Natürlich wollten Hamburg und Köln im Jahr 2020 als Uraufführungsstädte der Oper mit Aufführungen punkten, aber der Lockdown verunmöglichte dies. Köln holte im Staatenhaus eine Aufführung der Oper »Die tote Stadt« in der Regie von Tatjana Gürbaca mit Paul Stefan Vinke und Aušrinė Stundytė im Jahr 2021 nach (1999 hat es schon eine interessante Inszenierung gegeben), Hamburg dagegen nicht.

Von Korngolds weiteren musikalischen Bühnenwerken bringen es die zwei Operneinakter, beide uraufgeführt 1916, gelegentlich zu Aufführungsehren. Im Jahr 2012 wurden »Der Ring des Polykrates« in Lübeck (gemeinsam mit Ernst Kreneks »Das geheime Königreich) und »Violanta« in Bremerhaven gespielt. Im Jahr 2013 war das Augsburger Stadttheater Aufführungsort für die Operneinakter. Und im Jahr 2020 dirigierte Pinchas Steinberg »Violanta« in Turin.

Die 1939 in Schweden uraufgeführte Oper »Kathrin« hatte wohl unter den vielen Umarbeitungen zu leiden, die aus politischen Gründen notwendig geworden waren. Karin Wagner gibt darüber in diesem Buch informativ Einblick. Die Aufführung der »Kathrin« in Trier 1999 kam nicht bei der Kritik, aber beim Publikum gut an. Die Korngold-Enkelin Kathrin Korngold Hubbard beschreibt im Buch den Besuch der Oper anlässlich eines Europa-Aufenthaltes in berührender Weise.

Diejenige Oper, die Korngold als seine beste bezeichnete, nämlich »Das Wunder der Heliane«, erfuhr 2017 an der Wiener Volksoper drei viel beachtete konzertante Aufführungen. Als exemplarisch kann man die Inszenierung der Oper von Christof Loy an der Deutschen Oper Berlin vom Jahr 2018 bezeichnen. Sara Jakubiak als Heliane, Brian Jagde als Der Fremde und der Dirigent Marc Albrecht überzeugten. Der Mitschnitt auf DVD/Blu-Ray lässt durch Loys Inszenierung (kein Bühnenbild, die Personen in unauffälliger, heutiger Kleidung) die symbolbeladene Handlung der Oper glaubhaft erscheinen.

Korngold heute – im Konzertsaal, in den Medien

(Stand: Jänner 2022)
»Das Wunder der Heliane« ist auch als Gesamtaufnahme auf drei CDs zu kaufen; das Philharmonische Orchester Freiburg spielte das Werk mit hervorragenden Kräften (mit der Korngold-erprobten Annemarie Kremer in der Hauptrolle) im Jahr 2017 ein.

Über die die Salzburger »Tote Stadt«-Aufführung 2004 begleitende Korngold'sche Instrumentalmusik erzählt Kurt Arrer in diesem Buch. Sein erstes Korngold-Konzerterlebnis hatte der Korngold-Verehrer in Chicago: das dortige Sinfonieorchester spielte die Bühnenmusik op. 11, »Much Ado About Nothing«. Das bisher letzte Konzerterlebnis hatte Arrer am 20. Jänner dieses Jahres in einem Konzert der Salzburger Kulturvereinigung im Großen Festspielhaus. Die Wiener Symphoniker spielten unter anderem Korngolds »Märchenbilder« für Orchester, op. 3. Die Moderation lag in den Händen von Gottfried Franz Kasparek; in diesem Buch schildert er empathisch seine Eindrücke beim Hören Korngold'scher Instrumentalmusik, wie zum Beispiel des Violinkonzerts D-Dur, op. 35, das 1947 von Jascha Heifetz aus der Taufe gehoben und 2004 in Salzburg mit Benjamin Schmid aufgeführt worden war.

58 Reklame für Korngolds »Märchenbilder« in »Signale« vom 14. Dezember 1921.

In der Programmvorschau der Salzburger Kulturtage im Herbst 2022 wird auf die Aufführung von Korngolds Konzert für Violine verwiesen.

Auch das Cellokonzert op. 37, C-Dur, erfreut sich wachsender Beliebtheit. Beim Korngold-Jubiläumssymposium 2007 in Bern wurde es aufgeführt und stand im Mittelpunkt von Analysen unter dem Titel »Filmmusik als Musik im Film 1946«.

Im Jüdischen Museum Wien wurde 2007/08 mit der Ausstellung »Die Korngolds. Klischee, Kritik und Komposition« Erich Wolfgang Korngolds gedacht. Im Konzerthaus dirigierte John Mauceri am 29. November 2007 das Radio-Sinfonieorchester bei der »Gala der Filmmusik«.

Live im Konzertsaal kann »Vertriebene Musik« beim jährlich im Spätsommer stattfindenden Kammermusikfestival im Schloss Laudon, Wien, entdeckt und erlebt werden. Das Aron-Quartett hat auch immer wieder Stücke von Korngold auf dem Spielplan.

Im österreichischen Rundfunk auf Ö1 ist in den Musikprogrammen des Öfteren Korngold zu hören; Christoph Wagner-Trenkwitz lässt Korngold in denjenigen Programm-Formaten, die er moderiert, erklingen.

Die Schubertiade Schwarzenberg 2022 bietet in ihrer Broschüre für den 26. August einen Liederabend mit Korngold-Liedern an: Es singt der Bariton Andrè Schuen, am Klavier begleitet von Daniel Heide.

Graz bietet bei der Styriarte 2022 im April ein reichhaltiges Korngold-Programm.

Um Korngold'sche Musikpflege hat sich auch Linz verdient gemacht. Um die Jahrtausendwende (1999 – 2003) spielte das Brucknerorchester unter der Stabführung von Caspar Richter von Korngolds Jugendwerken bis hin zu seinen Spätwerken eine Reihe von Stücken ein, auch Ausschnitte aus Korngolds Bühnenmusiken sind darunter; vier Mittschnitt-CDs kamen auf den Markt (Label ASV digital). Im Jahr 2020 kam unter dem Label Capriccio mit dem Titel »Erich Wolfgang Korngold: Korngold Edition« eine 4-CD-Box heraus. Die Reihenfolge der Musikstücke ist gegenüber den bei ASV erschienenen CDs geändert.

In der Programmvorschau des Internationalen Brucknerfestes 22 wird auf die Aufführung von Korngolds Baby-Serenade für Orchester verwiesen.

Sommer 2022, Festwochen Gmunden: Klaus Maria Brandauer gibt in seiner Lesung am 13. August Einblick in Korngolds faszinierende Künstlerpersönlichkeit.

Ab 24. September 2022 wird am Linzer Musiktheater die bis dato in Linz noch nie aufgeführte Oper »Die tote Stadt« gespielt.

In der Spielzeit 2022/2023 kommt es im Theater an der Wien zur Aufführung von Korngolds musikalischer Komödie »Die stumme Serenade«.

Die Herausgeberin hofft, mit ihren Zeilen zu »Korngold heute« dazu ermuntern zu können, Korngolds hörenswerter Musik (auch seiner Filmmusik!), am besten live oder im Radio, Fernsehen, auf Ton- und Bildträgern oder auf YouTube zu lauschen. Ein »Lesebuch« kann naturgemäß nur neugierig machen …

Abbildungsnachweis

Trotz aller Bemühungen ist es nicht bei jeder Abbildung gelungen, die Nutzungsrechte vollständig zu klären. Bitte wenden Sie sich gegebenenfalls an den Verlag.

ANNO – AustriaN Newspapers Online (ÖNB), Wien: 15, 16, 22, 25, 27, 28, 29, 30, 38, 39, 41, 47, 54, 58
Dr. Kurt Arrer, Hallein: 6 (Heinrich Jellinek), 7, 8, 10 (Heinrich Jellinek), 17, 18, 20, 21, 23, 48, 49
Ausseer Regionalfernsehen (ARF), Bad Aussee: 19
Katharina Dürrschmid, Wien: 33
Nachlass Marta Eggerth und Jan Kiepura, A-Weaz: 44, 45
Jakob Freibichler, Baden b. Wien: 40
Kai-Uwe Garrels, Bad Ischl: 2, 4, 12, 14, 24, 26, 46
Hollywood Movie Posters, Los Angeles: 31, 42
The Korngold Estate, mit freundlicher Genehmigung von Kathrin Hubbard Korngold: 9, 11, 13
Kathrin Korngold Hubbard, Portland: 5
Library of Congress, Washington D.C.: 32, 50, 55
Privatsammlung Dr. Michael Linsbauer, Wien: 1
Nordico Stadtmuseum, Linz: 3
Österreichische Nationalbibliothek, Wien: Titel
Robert Oltay, Linz: Vorsatz, Nachsatz
Bernd Uhlig, Berlin: 51, 52, 53, 57
Iby-Jolande Varga, Wien: 43
Nachlass Eric Zeisl, Dr. Barbara Zeisl-Schoenberg, New York City: 34, 35, 36, 37

FOTOGRAFEN
Dr. Kurt Arrer, Hallein: 7, 49
Ludwig Boedecker, Wien: 17
Hermann Brühlmayer, Wien: 29
Atelier Dietrich, Wien: 16 (Vorlage)
Katharina Dürrschmid, Wien: 33

Marta Eggerth, Los Angeles: 44, 45
Max Fenichel, Wien: 25
Carol M. Highsmith, Washington D.C.: 32
G. Reschenböck, Gmunden: 21
Franz Xaver Setzer, Wien: 14
Bernd Uhlig, Berlin: 51, 52, 53, 57
Iby-Jolande Varga, Wien: 43
White Studio, New York City: 55

Für die freundliche Unterstützung danken wir Herrn Reinhard Leeb (Dorotheum, Wien), Frau Franziska-Maria Lettowsky (Salzburger Festspiele), Frau Lis Malina, Wien, Frau Nobuko Nakamura, Wien, Frau Margot Pührer (Gamp Grafikhouse, Ebensee a. T.) und Frau Dr. Karin Wagner, Engerwitzdorf.

Autor:innenverzeichnis

Dr. KURT ARRER
Nach einem Lehramts- und Doktoratsstudium an der Universität Salzburg unterrichtete er Deutsch und Englisch an einer HTL und erfüllte Lehraufträge an der Universität Salzburg und an Universitäten in Italien und den USA. Ab 1997 forschte er zur Biografie Erich Wolfgang Korngolds und zu seiner Familie und kuratierte Ausstellungen über den Komponisten im Salzkammergut, in Salzburg und in Wien. Einen Großteil seiner Materialsammlung zu Erich Wolfgang Korngold hat er inzwischen dem Exilarte Zentrum an der Universität für Musik und darstellende Kunst in Wien übergeben.

Prof. GOTTFRIED FRANZ KASPAREK
Geboren 1955 in Wien. Seit Kindertagen intensive Beschäftigung mit Musik und Theater. Nach Tätigkeiten im Musikhaus Doblinger und im Salzburger Musikalienhandel ist er seit 1998 freier Dramaturg, Essayist und Moderator, unter anderem für die Universität Mozarteum, das Mozarteumorchester Salzburg, die Stiftung Mozarteum, die Salzburger Kulturvereinigung, die Philharmonien in Köln und Essen, das Berner Symphonieorchester, das Festspielhaus St. Pölten, die Oper Köln sowie die Wiener Staatsoper. Kasparek war von 2003 bis 2019 Lehrbeauftragter für Musikgeschichte am American Institute for Foreign Study an der Universität Salzburg, von 2005 bis 2012 Dramaturg internationaler Jugendprojekte beim Lehár Festival Bad Ischl, von 2006 bis 2014 bei avantgarde tirol sowie von 2007 bis 2011 im Vorstand der Salzburg Biennale. Er arbeitete mit Komponisten wie Kurt Schwertsik, Herbert Grassl, Boguslav Schaeffer und Dieter Schnebel zusammen. Von 2009 bis 2019 war er Künstlerischer Leiter des Festivals Mattseer Diabelli Sommer. 2007 erschien eine von Kasparek betreute Neuausgabe der Violinschule von Leopold Mozart. Als Librettist trat er mit »Prince Mozart« (Rockhouse Salzburg 1998, Musik von Franz Pillinger), »Zwist in Ischl« (Lehár Festival 2011, Musik von Oliver Ostermann) und mit »Harisliz – die Fahnenflucht Tassilos« (Kirchenoper für Mattsee 2013, Musik von Herbert Grassl) in Erscheinung.

Seit 2012 ist er mit seiner eigenen Erzählfassung der »Zauberflöte« gemeinsam mit dem Flötisten Michael Martin Kofler und Streichtrio unterwegs, unter anderem im Festspielhaus Erl, im Künstlerhaus München und beim Musiksommer Viktring. Im Mai 2017 wurde Kasparek vom Bundespräsidenten der Berufstitel Professor verliehen.

KATHRIN KORNGOLD HUBBARD
begann im Alter von 7 Jahren Violine zu lernen, ihre Lehrerin war Dorothy Copinsky. Sie erhielt ihren Bachelor of Music mit Auszeichnung an der California State University in Northridge. In den Jahren 1978 bis 2005 nahm sie an wichtigen Musikfestivals in den USA und Italien teil. Frau Hubbard war private Geigenlehrerin und freischaffende Künstlerin im Umland von Los Angeles von 1973 bis 1989, als sie und ihre Familie nach Portland, Oregon zogen. Dort trat sie mit dem Orchester Oregon Symphony, dem Portland Opera Orchestra und dem Oregon Ballett Theatre Orchestra bis zum Jahr 2000 auf, als sie die Verwaltung des Nachlasses ihres Großvaters (Erich Wolfgang Korngold Estate) übernahm. Sie hat weiterhin Freude an ihrer Arbeit, welche Buchhaltung, Korrespondenz und die Zusammenarbeit mit amerikanischen und europäischen Musikverlagen, den USC/Warner Bros. Archives, The Library of Congress in Washington, D.C., der Österreichischen Nationalbibliothek und dem Exilarte Zentrum in Wien umfasst, sowie mit Musikern, Wissenschaftlern, Forschern und Korngold-Fans.

LIS MALINA
ist in Linz geboren und aufgewachsen. Sie absolvierte das Studium der Musiktherapie und der Gesangspädagogik an der mdw/Universität für Musik und darstellende Kunst in Wien. Nach einigen Jahren als Musiktherapeutin unterrichtete sie über zwei Jahrzehnte Gesang am Konservatorium in Eisenstadt und am Diözesankonservatorium in Wien. Künstlerisch tätig war sie viele Jahre im Arnold-Schönberg-Chor, gleichzeitig trat sie als solistische Sängerin im Alt- und Mezzosopranfach auf. Als Liedsängerin hat sie zwei CDs herausgebracht. Nach einem Erasmusaufenthalt in Parma erschien ihr Buch »Voice in Pro-

gress«. Spät berufen begann sie das Doktoratsstudium an der mdw. 2017 gab sie ihr Buch »Dear Papa, how is you« über Erich Wolfgang Korngold heraus. Sie ist als ehrenamtliche Mitarbeiterin des Exilarte Zentrums der mdw weiterhin in der Korngold-Forschung tätig.

Nobuko Nakamura
ist in Sendai, Japan, geboren und hat an der Tokyo University of the Arts ihr Magisterstudium der Musikwissenschaft abgeschlossen. Sie ist seit Jahren mit der Quellenforschung der Werke von Erich Wolfgang Korngold beschäftigt, ist wissenschaftliche Mitarbeiterin der Korngold-Forschung im Exilarte Zentrum sowie Doktorandin der Musikwissenschaft an der Universität für Musik und darstellende Kunst Wien. Seit 2016 wohnt sie in Wien.

Robert Oltay
Mag. art. Geboren 1961 in Aachen als Kind von 1956 aus Ungarn geflüchteter Eltern. Bis zu seinem 14. Lebensjahr in Leverkusen, Enschede (NL), Gronau. Übersiedlung nach Linz. Abgeschlossenes Studium der Malerei und Grafik an der Hochschule für künstlerische und industrielle Gestaltung in Linz, der heutigen Kunstuniversität. Seit 1986 freischaffender bildender Künstler in den Hauptgebieten der Malerei und der freien Grafik. 2000 bis 2012 Präsident der Berufsvereinigung Bildender Künstler Oberösterreich, heute »Die Kunstschaffenden« mit Sitz im u\hof des Kulturquartiers, Linz. Zahlreiche Ausstellungen im In- und Ausland. Arbeitsstipendien in der Villa Stonborough-Wittgenstein, Gmunden; in der Casa Bianca in Malo, Venetien; in Paliano auf dem Landgut der Colonna, Latium; Kunstverein Zwickau; Egon-Schiele-Center, Krumau, dort die Entwicklung der Krumau-Rolle.

Vertreten in öffentlichen und privaten Sammlungen:
Die »Kunstsammlung« des Landes OÖ; Lentos, Kunstmuseum Linz; Nordico, Stadtmuseum Linz; Museum Angerlehner, Wels-Thalheim; Land Tirol; linz ag; Bundesministerium für Unterricht und Kunst.

Prof. Dr. OSWALD PANAGL

Oswald Panagl (Jahrgang 1939) hat an der Universität Wien ein Studium der Klassischen Philologie mit der Lehramtsprüfung für die Fächer Latein und Griechisch und das Doktorat (mit einer Dissertation über Erzähltechnik in den euripideischen Chorliedern) in Verbindung mit dem Zweitfach Indogermanistik abgeschlossen. Er hat sich 1976 habilitiert und war von 1979 bis 2008 als o. Univ.-Professor für allgemeine und vergleichende Sprachwissenschaft an der Universität Salzburg tätig. Er unterrichtet nach wie vor als Emeritus am Fachbereich Linguistik sowie als ständiger Gastdozent an der Musikuniversität Mozarteum. Daneben wirkt er als Dramaturg und Essayist für zahlreiche Opernhäuser (zum Beispiel Staatsoper und Volksoper Wien, Oper Köln, Gran Teatre del Liceu Barcelona, Bayerische Staatsoper). Er leitet als Präsident die Internationale Richard-Strauss-Gesellschaft (seit Jänner 2013) und gehört der Österreichischen Akademie der Wissenschaften als korrespondierendes Mitglied an. Seine wichtigsten Arbeitsgebiete sind Etymologie, Sprachwandel, historisch-vergleichende Grammatik des Griechischen, Lateinischen und Deutschen, Sprache und Musik (bes. zu Richard Wagner und Richard Strauss), politische Sprache. Auf diesen Gebieten etwa 200 Aufsätze. Jüngste Publikationen: Oswald Panagl/Ulrich Müller, »Von der Wartburg nach Walhall« (Anif/Salzburg 2015), Boris Manner/Oswald Panagl (Hg.), »Scherz, Satire, Ironie und tiefere Bedeutung« (Berlin 2015), Oswald Panagl/Gernot Gruber (Hg.), »Richard Strauss und Hugo von Hofmannsthal. Mythos, Metamorphose, Metaphysik« (Heidelberg 2016), Oswald Panagl/Matthew Werley (Hg.), »Jahrbuch der internationalen Richard-Strauss-Gesellschaft« (Wien 2017 ff.), Arne Stollberg/Oswald Panagl (Hg.), »Julius Korngold – Atonale Götzendämmerung« (Würzburg 2019), Oswald Panagl, »Im Zeichen der Moderne. Musiktheater zwischen Fin de Siècle und Avantgarde« (Wien 2020).

Dr. KERSTIN SCHÜSSLER-BACH

studierte Musikwissenschaft, Germanistik und Geschichte an der Universität Köln und promovierte 1995 über die Bühnenwerke Frank Martins. Sie war Dramaturgin an der Oper Köln, am Aalto-Theater

Essen und Leitende Dramaturgin der Hamburgischen Staatsoper. An der Musikhochschule Hamburg und der Universität zu Köln hatte sie Lehraufträge für Operndramaturgie. Seit 2015 ist sie im internationalen Komponistenmanagement des Musikverlags Boosey & Hawkes tätig. Sie veröffentlichte zahlreiche Werkessays und wissenschaftliche Beiträge und schrieb unter anderem für die Berliner Philharmoniker, das Lucerne Festival, die Bayerische Staatsoper und die Salzburger Festspiele. Außerdem ist sie Mitherausgeberin der Brahms-Studien im Auftrag der Johannes-Brahms-Gesellschaft Hamburg. 2022 erschien ihre Monografie über Simone Young.

HEIDE STOCKINGER
geboren 1941 in Wien, lebt seit 1950 in Linz. Literaturredakteurin beim ORF, Radio OÖ, bis 2011. Im Böhlau Verlag Herausgabe der Bücher »Generationen erzählen. Geschichten aus Wien und Linz 1945 bis 1955« (2005, mit Irene Riegler) und »Jung-sein in Linz. Geschichten aus den 50ern« (2008). 2016 erschien ihre Erzählung »Moni, das Auge der Kamera«, 2017 die gemeinsam mit Kai-Uwe Garrels verfasste Biografie »Tauber, mein Tauber – 24 Annäherungen an den weltberühmten Linzer Tenor Richard Tauber« und 2020 im Böhlau Verlag »›Dein ist mein ganzes Herz.‹ Ein Franz-Lehár-Lesebuch«. 1982 2. Jurypreis der oberösterreichischen Arbeiterkammer beim Wettbewerb »Literatur zur Arbeitswelt«. 1983 Martin-Luther-Hörspielpreis. 2007 Kulturmedaille der Stadt Linz.

KARIN WAGNER
studierte Klavier am Bruckner Konservatorium Linz und an der Universität für Musik und darstellende Kunst Wien; dort Diplomprüfung mit Würdigungspreis der Republik Österreich. Sie lehrt Klavier an der Universität für Musik und darstellende Kunst Wien. Konzerttätigkeit als Kammermusikerin, rege Tätigkeit als Dozentin im In- und Ausland. Doktoratsstudium mit Dissertationsgebiet Musikwissenschaft und dem Zweitfach Zeitgeschichte. Forschungsaufenthalte in Los Angeles. Publikation der ersten deutschsprachigen Biografie zum Exilkomponisten Eric Zeisl »Fremd bin ich ausgezogen« (Wien 2005) und

der Briefedition zu Zeisl »… es grüsst dich Erichisrael« (Wien 2008), Folgepublikationen zum Themenfeld. Karin Wagner ist Autorin der weltweit ersten Biografie zum Exilkomponisten Hugo Kauder (Wien 2018). Für ihre wissenschaftliche Tätigkeit wurde sie 2012 mit dem Elfriede Grünberg Preis ausgezeichnet. Website: http://www.karin-wagner.at (letzter Zugriff: 08.02.2022).

Simone Young
gehört seit vielen Jahren zu den bedeutendsten Dirigenten unserer Zeit. Sie studierte in ihrer Heimatstadt Sydney Klavier und Komposition. Nach Stationen als Chefdirigentin des Bergen Philharmonic Orchestra und als Künstlerische Leiterin sowie Chefdirigentin an der Australian Opera in Sydney und Melbourne war sie von 2005 bis 2015 Intendantin der Staatsoper Hamburg und Generalmusikdirektorin des Philharmonischen Staatsorchesters Hamburg. 2022 übernahm sie das Amt der Chefdirigentin des Sydney Symphony Orchestra. Darüber hinaus gastiert sie an den großen Opernhäusern, darunter die Wiener und Bayerische Staatsoper, die Opéra national de Paris, die Oper Zürich, die Metropolitan Opera New York und die Staatsoper Unter den Linden Berlin. Auf dem Konzertpodium dirigierte sie zuletzt unter anderem das New York Philharmonic, das LA Phil, das San Francisco Symphony Orchestra, das Washington National Symphony Orchestra und das Oslo Philharmonic Orchestra. 2022 wurde sie zum Ehrenmitglied der Wiener Staatsoper ernannt. Sie gilt als Expertin für das spätromantische Repertoire (Richard Strauss, Wagner, Bruckner) und feierte mit Korngolds »Die tote Stadt« einen großen Erfolg an der Staatsoper Hamburg.

Personenregister

Abendroth, Walter 108
Albert, Werner Andreas 145
Albrecht, Marc 145, 213
Allmayer-Beck, Max Vladimir 132
Arrer, Kurt 5 f., 12, 16, 18, 21, 31, 71, 86, 159, 209, 213, 216, 218
Auernheimer, Raoul 101

Bach, Johann Christian 139
Bahr, Hermann 203
Benatzky, Ralph 105
Benedetti, Nicola 9
Berg, Alban 32
Bermann Fischer, Brigitte 81, 87
Bernheim, Benjamin 62
Bierbaum, Otto Julius 66
Billy, Bertrand de 145, 166
Bistron, Julius 100
Bittner, Emilie 44, 54
Bittner, Julius 44, 54, 79, 95, 163
Blanke, Henry 110
Blech, Leo 90
Bodenstab, Fritz 119
Böheim, Franz 101
Brahms, Johannes 31, 105
Brandauer, Klaus Maria 215
Brecht, Bertold 124, 132
Brontë, Schwestern 141
Bruch, Max 144
Bruckner, Anton 223
Brüll, Ignaz 80, 87
Burgstaller, Brigitte 21
Burkert, Marius 92
Busch, Wilhelm 53
Buxbaum, Friedrich 137
Byrns, Harold 145

Canaletto (Canal), Giovanni Antonio 177

Canty, Tom 115
Carroll, Brendan G. 18, 24 f., 70, 115, 147, 163
Caruso, Enrico 142
Casanova, Giacomo, Girolamo 177
Castelnuovo-Tedesco, Mario 125
Castiglioni, Iphi (Iphigenie) 44, 56
Cebotari, Maria 164
Cervantes, Miguel de 95
Ceska, Hilde 101
Chopin, Frédéric 44, 46, 59
Clement, Victor 101
Cohen-Brüder 192
Copinsky, Dorothy 219
Cumberland, Herzog von 79

d'Albert, Eugen 150
Damian, Cristina 181 f.
Damrau, Diana 62
Danuser, Hermann 61
Davies, Dennis Russell 145
Davis, Bette 122, 144
Dawson, Ralph 112, 121
Decker, Willy 159, 210
Décsey, Ernst 106 ff.
Dehmel, Richard 66, 68
Demelmayer, Alfred 118
Denoke, Angela 159
Didur, Adam 153
Dieterle, Charlotte 126
Dieterle, Wilhelm 110, 114, 122, 126
Dollfuß, Engelbert 109
Dosch, Wolfgang 102
Dussmann, Silvana 211
Dukas, Paul 164
Dvorak, Antonín 165

Edward, Prinz 115

Eggerth, Marta 44, 54, 152, 154 f., 156, 216 f.
Eggerth, Tilly 153
Eichendorff, Joseph von 63, 66, 68
Eisler, Hanns 122, 124, 127, 132
Elgar, Edward 164
Erhardt, Heinz 101
Erhardt, Otto 130
Eröd, Adrian 210

Fall, Bertha 97
Fall, Leo 82, 90, 97, 99 f., 102, 164
Fehér, Friedrich 41
Feldhammer, Jakob 94
Felsenstein, Walter 93
Feuchtwanger, Lion 127
Fischer, Jens Malte 15
Fischer, Samuel 81
Fischer-Dieskau, Dietrich 62
Flynn, Errol 84, 113 ff., 121 f., 143, 147
Forbstein, Leo F. 114
Francis, Kay 115
Franckenstein, Clemens Baron von 75
Frank, Bruno 126
Frank, Mikko 210
Freud, Sigmund 17, 180, 190, 199
Frey, Stefan 97, 102
Friedell, Egon 94
Friedrich, Götz 161, 210
Furtwängler, Wilhelm 166, 209

Garbo, Greta 126
Garrels, Kai-Uwe 21, 103, 216, 222
Gaudriot, Charly (Gaudriczek, Karl) 100
Geltinger, Christian 102
Georg, Rita 98 f.
Gerhaher, Christian 62
Gerhardt, Charles 24
Goerne, Matthias 62, 132
Goethe, Wolfgang von 66, 138
Goldmark, Karl 81

Gould, Stephen 168, 211
Grassl, Herbert 218
Grillparzer, Franz 138
Grosz, Wilhelm 156
Gruber, Gernot 221
Gruber, Gerold 151 f., 154
Gruber, Karoline 6, 14, 171 f., 174, 183, 187 f.
Gürbaca, Tatjana 212
Guseva, Elena 212

Haas, Michael 20, 59, 152
Hampson, Thomas 152
Hanslick, Eduard 31, 90
Harrold, Orville 206
Hart, Heinrich 66
Hasselgruber, Johann 21
Havilland, Olivia de 114, 121
Haydn, Joseph 139
Heger, Robert 130, 150
Heide, Daniel 215
Heifetz, Jascha 135, 142 f., 165, 209, 213
Heine, Heinrich 66
Heinemann, Michael 70
Heinemann, Paul 21
Herrmann, Bernard 27
Herzer, Ludwig 19, 93, 96
Herzl, Theodor 74, 81
Hesse, Hermann 177, 188
Hey, Alois Josef 118
Hinrichsen, Hans-Joachim 70
Hitchcock, Alfred 198
Hitler, Adolf 53, 81 f., 100, 107 f., 115, 131
Hofmannsthal, Hugo von 81, 221
Holzmeister, Clemens 167
Honold, Elisabeth 66
Hopf, Hans 130
Hörth, Franz Ludwig 55
Hubbard, John 24
Hubermann, Bronislaw 142
Humperdinck, Engelbert 137

Imhoff, Fritz 99
Ives, Charles 165

Jagde, Brian 213
Jakob, Heinrich Eduard 106
Jakubiak, Sara 213
Jeritza, Maria 54, 64 f., 89, 93, 203, 205 f.
Jordan, Egon 101
Jordan, Wolfgang 173
Jung-Kaiser, Ute 187
Jurowski, Vladimir 28

Kafka, Hans 123, 132
Kallina, Anna 37
Kallina-Witrofsky, Elisabeth 37
Kálmán, Emmerich 96
Kaltneker, Hans 63, 67 f.
Karbach, Olga (Olly) 78
Kasparek, Gottfried Franz 6, 16 f., 89, 135, 213, 218 f.
Kauder, Hugo 223
Kaufmann, Jonas 212
Kempe, Rudolf 145
Kerl, Torsten 159
Kiepura, Jan 44, 54, 69, 109, 112, 152 ff., 207, 216
Kindermann, Heinz Lukas 27
Kipper, Heinrich 66
Klemperer, Otto 126, 171
Klimt, Gustav 194
Klotz, Volker 92, 103
Kobald, Karl 66
Koch, Howard 68
Koetsier, Jan 145
Kofler, Michael Martin 219
Kokoschka, Oskar 202
Kolisch, Mitzi 55
Kolisch, Rudi 55, 138
Kopriva, Franz 98
Kornau (Korngold), Minna 37
Korngold Hubbard, Kathrin 20, 23, 29, 86, 151 f., 156, 212, 216, 219

Korngold, Eduard (vulgo Kornau) 36 f.
Korngold, Erich Wolfgang
Korngold, Ernst Werner 23, 35 f., 42, 53 f., 78, 81, 83 f., 110, 120, 153, 207
Korngold Gary und Leslie (Les), 28
Korngold, Georg (George) Wolfgang 24, 35 f., 42, 83, 110, 115,153, 161, 207
Korngold, Gustav 37 f.
Korngold, Hans (Hanns) Robert, 33 f., 37, 51, 71, 75
Korngold, Helen 23
Korngold, Josefine 33 f., 71, 81, 120, 153, 205
Korngold, Julius 5, 12, 17, 28, 31 ff., 35 ff., 51, 63, 71, 76 f., 81, 87, 90, 95, 103, 120, 143, 162 f., 168, 172, 174, 192, 205, 209, 221
Korngold, Luise (Luzi, geb. Louise von Sonnenthal) 5, 11, 18 f., 35, 40 ff., 43 ff., 47, 52, 57, 59, 71 f., 76 ff., 80 ff., 106, 110 ff., 115, 119 f., 126 f., 130 ff., 140, 150 f., 153, 158, 207
Korngold, Simon 37
Korngold, Thea 34
Kortner, Fritz 126
Kraml, Roland 86
Kreizberg, Yakov 26
Kremer, Annemarie 213
Krenek, Ernst 33, 212
Krispin, Bernd 103
Krumpöck, Florian 165
Kubovsky, Peter 203

Landesberger, Gerty 75
Leeb, Reinhard 217
Lehár, Franz 90, 93, 96, 98, 105 190, 218, 222
Lehmann, Lotte 7, 15, 54 f., 69, 207
Leopold, Elisabeth 196
Leopold, Rudolf 196
Lessing, Gotthold Ephraim 138
Lettowsky, Franziska-Maria 217

Lieser, Anni 54
Liewehr, Fred 101
Lipinskaya, Dela 99
Loewenfeld, Hans 172
London, Jack 141
Lothar, Ernst 67
Loy, Christof 213
Lucca, Pauline 78

Mahler, Anna 156
Mahler, Gustav 31, 50, 72, 81, 105, 139, 143, 145, 156, 161, 166, 191, 193, 205
Mahler-Werfel, Alma 44, 54, 56, 126f., 142, 156
Malina, Lis 5, 11, 41, 45, 59, 87, 154, 217, 219
Mann, Thomas 126
Mannheim, Lucie 100
Manner, Boris 221
Marischka, Hubert 92, 95, 97 ff.
Marmorek, Oskar 81
Martin, Frank 221
Marschalk, Max 173
Masetti, Enzo 122
Massary, Fritzi 126
Mauceri, John 27, 163, 214
Mauch, Billy 115
Mauch, Bobby 115
Melichar, Alois 145
Mendelssohn Bartholdy, Felix 83, 110ff., 136
Metzmacher, Ingo 210
Meyerbeer, Giacomo 184
Mikneviciute, Vida 210
Milhaud, Darius 125, 127
Miller, Meagan 181
Millöcker, Carl 91
Mitropoulos, Dimitri 144
Mohr, Hal 112
Morgenstern, Edith 38
Morgenstern, Ernst 38
Morgenstern, Egon 38

Morgenstern, Else 38
Mörike, Eduard 66
Moser, Hans 95, 99
Mozart, Leopold 105, 218
Mozart, Wolfgang Amadeus 27, 139, 157, 163, 187
Müller, Hans 67
Müller, Ulrich 221

Nakamura, Nobuko 6, 20, 49, 217, 220
Natter, Siegfried 119
Nestroy, Johann 139
Neuzil, Wally 193
Newman, Alfred 27
Nicolai, Otto 65
Nono, Luigi 56
Norrington, Roger 164
Nossal, Lori 78, 80
Novotná, Jarmila 95, 108f.

Oehlmann, Werner 61
Offenbach, Jacques 90, 94f., 97, 102, 164
Oltay, Robert 7, 14f., 190ff., 216, 220
Oppenheim, Harold von 100
Ostermann, Oliver 218
Oswalda, Ossi 98, 99
Ottner, Carmen 70
Ozawa, Seiji 16, 28, 143, 165

Paganini, Niccolò 142
Panagl, Oswald 5, 12, 16, 33, 61, 221
Petersen, Marlis 62, 212
Petrenko, Kirill 212
Pfitzner, Hans 66
Pfohl, Ferdinand 171, 173, 187
Pillinger, Franz 218
Polgar, Alfred 126
Pollack, Egon 172, 187
Pollak, Leo 38
Pollak, Olga 37f.
Pöllmann, Helmut 17

Prawy, Marcel 44, 54, 95, 103, 138, 161, 163, 210
Preger, Kurt 101
Previn, André 145
Prey, Hermann 62
Puccini, Giacomo 50, 139
Pührer, Margot 217

Rabl, Gottfried 166
Rachold, Bernd O. 34, 87, 102, 169
Raphael-Linden, Olga 203
Rathbone, Basil 121
Ravel, Maurice 139
Reger, Max 63, 66
Reinhardt, Gottfried 95
Reinhardt, Max 20, 51, 54, 56, 65, 83, 90, 94, 110, 151, 207
Reitler, Josef 99
Rentsch, Ivana 70
Respighi, Ottorino 164
Richter, Caspar 215
Rodenbach, Georges 12, 177, 187, 192 f., 198
Ronsperger, Edith 66
Rooney, Mickey 110
Roosevelt, Franklin 145
Rosé, Arnold 137 ff., 207
Rosenkranz, Herbert 132
Rossini, Gioachino 90
Runnicles, Donald 28, 159
Rußka, Ida 94

Salten, Felix 81, 87
Sassmann, Hanns 94
Schaeffer, Bohuslav 218
Schiele, Egon 7, 15, 189 ff., 200 ff., 220
Schiff-Riemann, Helga 86
Schiller, Friedrich 138
Schech, Marianne 128
Schlegel, August Wilhelm 138
Schmid, Benjamin 16, 28, 135, 143, 165, 169, 213

Schmidt, Franz 139
Schmierer, Elisabeth 61
Schmilgun, Burkhard 145, 147
Schnebel, Dieter 218
Schneider, Eric 132
Schnitzler, Arthur 73
Schoenberg, Nuria 55
Schönberg, Arnold 54, 105, 124, 126, 132, 138, 161, 164, 166, 190, 193, 219
Schönberg, Trude 44, 54
Schostakowitsch, Dmitri 139, 145
Schreker, Franz 159, 161
Schubert, Franz 105
Schuen, Andrè 215
Schulze, Jürgen 187
Schumann, Robert 33, 49
Schünzel, Reinhold 41
Schuschnigg, Kurt 109, 115
Schüssler-Bach, Kerstin 6, 14, 21, 171, 187, 210, 221
Schwaiger, Rosl 101
Schwarz, Hermine 80, 87
Schwertsik, Kurt 218
Seipel, Mechthild 176, 187
Seligmann, Otto 55
Seyß-Inquart, Arthur 115
Shaham, Gil 26, 165
Shaham, Orli 165
Shakespeare, William 35, 65 f., 83, 110, 136, 138, 207
Simonis, Annette 187
Sinkovicz, Wilhelm 143
Skovhus, Bo 165
Slezak, Margarethe 94
Somerset Maugham, William 114
Sonderling, Jacob 124
Sonnenthal, Adolf Ritter von 46, 76
Sonnenthal, Clara 80
Sonnenthal, Helene (Nene) 37, 47
Sonnenthal, Luzi (Luise, Louise) s. Korngold
Sonnenthal, Paul 46, 53

Personenregister

Sonnenthal, Susanne (Susi) 47
Spahn, Roy 174 f., 187
Spiel, Hilde 123, 125, 132 f.
Sprenger, Ruth 153 f., 156, 158
Steinbacher, Arabella 135
Steinberg, Pinchas 212
Steiner, Franz 80
Steiner, Fritz 99
Steiner, Max 24, 27, 44, 123
Steiner, Rudolf 81
Stemprok, Christine 102
Steuermann, Eduard 126
Stockinger, Heide 5, 7, 11, 14, 103, 189, 191, 222
Stöhr, Richard 131 ff.
Stollberg, Arne 33, 70, 221
Stolz, Robert 105
Stone, Simon 212
Straaten, Eleonore van der 63, 66
Strauss Vater, Johann 95
Strauss, Adele 95 f.
Strauss, Johann 17, 90 ff., 95 f., 97 f., 103, 144, 164, 207
Strauss, Richard 31, 50, 63, 66, 74, 79, 80, 115, 136 f., 166 f., 221, 223
Strawinsky, Igor 127
Strecker, Ludwig 44
Strecker, Willy 44, 107 f., 131, 157 f.
Strelitzer, Hugo 129 f., 133
Stundytė, Aušrinė 212
Sulkowski, Fürst Edgar 82, 106
Suppè, Franz von 91
Swarthout, Gladys 112
Széll, George 55

Tansman, Alexandre 125, 127
Tauber, Richard 15, 19, 21, 54 f., 91, 93, 96, 103, 108, 207, 222
Templ, Stephan 132
Terruhn, Erna 82
Thimig, Helene 44, 54, 56, 126
Tieck, Ludwig 138

Tiomkin, Dimitri 27
Toch, Ernst 125, 127, 132
Toelstede, Hans 187
Trebitsch, Siegfried 67
Tschaikowsky, Pjotr Iljitsch 139
Twain, Mark 115, 143

Vasar, Lauri 184, 186
Viertel, Salka 54, 126, 133
Vinke, Stefan 212
Vladar, Stefan 165
Vogt, Klaus Florian 176, 178, 182, 186, 210, 212
Vojtech, Ivan 132

Wagner, Anna 131
Wagner, Guy 34, 70, 131
Wagner, Hedda 105, 131
Wagner, Karin 6, 20, 105, 132 f., 212, 217, 222 f.
Wagner, Richard 31, 36, 173, 209, 221, 223
Wagner-Trenkwitz, Christoph 215
Wallerstein, Lothar 150
Wallis, Hal. B. 110
Walter, Bruno 44, 50, 54, 75, 81, 108, 126, 136, 144,
Walzer, Tina 132
Waxman, Franz 27
Webern, Anton von 32, 149
Weinberger, Josef 106, 116
Weingartner, Felix 73
Weininger, Otto 17, 190
Wellesz, Egon 74
Welser-Möst, Franz 145
Wense, Baron Ernst von 78 f.
Werfel, Franz 44, 54, 126
Werner, Oskar 37
Weyl, Carl Jules 121
Witrofsky, Egon 37
Witrofsky, Otto 76
Witt, Susi 101

Wittgenstein, Paul 54, 142, 164, 166, 207
Wohlbrück, Adolf 100
Wolf, Emil 117 ff., 132
Wutka, Edith 21, 29

Young, Simone 5, 9, 11, 172, 222 f.

Zeisl, Erich (Eric) 44, 50, 54, 122 f., 124 f., 127 ff., 216, 223
Zeisl, Gertrud 44, 50, 54, 127 f.
Zeisl-Schoenberg, Barbara 50, 54, 133, 216
Zemlinsky, Alexander 50, 72, 136, 139, 159, 161, 166, 205
Zweig, Frederik (Fritz) 155
Zweig, Stefan 175, 187

Zopfszene

Selfie Schändung

Sonst nur ein Disneyland in dem
millionenfach Selfies, die
Cloud Server überschwemmen
bis zum totalen Zusammenbruch.

Eine Schändung
ähnlich als Jane das kostbare Glaskästchen
öffnete, das lange Haar der Verstorbenen entnahm, entrollte und
ausschüttelte → Entweihung
→ Erdrosselung Janes

bis zum totalen
Zusammenbruch

Bergsteig des ATM

Brügge – Venedig – Brügge

ZOPF

Körpers
useums gleich?
wäre es.

Die von Robert Oltay gemalte Haarflechte aus Korngolds Oper »Die tote Stadt« ist nicht nur Mor
Gespräch zwischen Heide Stockinger und dem bildenden Künstler dazu mehr!